YA ERES SUFICIENTE

LISA OLIVERA

YA ERES SUFICIENTE

El camino para aceptarte y amarte de forma radical

Traducción de Aina Girbau Canet

DIANA

Obra editada en colaboración con Editorial Planeta – España

Título original: *Already Enough: A Path to Self-Acceptance*

Todos los derechos reservados Publicado por acuerdo con su editor original, Atria Books, una división de Simon & Schuster, Inc.

© Lisa Olivera, 2022

© del diseño de interior, Ruth Lee-Mui
© de la traducción, Aina Girbau Canet, 2023
Maquetación: Toni Clapés
© Editorial Planeta, S. A., 2023 – Barcelona, España

Derechos reservados

© 2023, Editorial Planeta Mexicana, S.A. de C.V.
Bajo el sello editorial DIANA M.R.
Avenida Presidente Masarik núm. 111,
Piso 2, Polanco V Sección, Miguel Hidalgo
C.P. 11560, Ciudad de México
www.planetadelibros.com.mx

Primera edición impresa en España: abril de 2023
ISBN: 978-84-1119-069-5

Primera edición impresa en México: septiembre de 2023
ISBN: 978-607-39-0549-7

Impreso en los talleres de Litográfica Ingramex, S.A. de C.V.
Centeno núm. 162-1, colonia Granjas Esmeralda, Ciudad de México
Impreso en México – *Printed in Mexico*

*Para todas aquellas personas que emprenden la ardua
y hermosa labor de recordar quiénes son realmente.*

ÍNDICE

PRIMERA PARTE

Ganar sinceridad

MI HISTORIA (Y TU HISTORIA)

En el Día de la Madre del año 1987, cuando tenía apenas unas horas de vida, me abandonaron detrás de una roca cerca del bosque de Muir, en el norte de California. Estaba envuelta en una manta azul sin nada que pudiera indicar de dónde venía. Me encontraron un hombre y una mujer que habían salido a observar pájaros con su hijo pequeño. Llamaron a una ambulancia para que me llevara a urgencias, al hospital más cercano. Determinaron que estaba sana y que, aparte de haberme quemado con el sol, estaba bien. Dos días más tarde, otra pareja —los que acabarían siendo mis padres— me llevó a su casa.

Desde pequeña yo sabía que era adoptada. Más tarde descubrí que me abandonaron, y a pesar de tener unos padres que me querían, recibir esa información me provocó un profundo dolor, un dolor que no quería que nadie viera. Un dolor que ignoré durante décadas. Me pasé años tratando de entender de dónde venía. No saber quién era mi familia biológica me provocaba un dolor insoportable, en muchas ocasiones. Odiaba hacer árboles genealógicos en la escuela. Odiaba que me dijeran que me parecía a mi padre o a mi madre. Odiaba escuchar a mis amigos hablando de lo que habían heredado de otros familiares. Y, sobre todo, odiaba odiarlo. Me decían que tenía que sentirme afortunada, agradecida, feliz, pero prácticamente siempre me sentía triste.

Me buscaba en desconocidos y a menudo me preguntaba quién era mi madre biológica y por qué me había abandonado en el bosque. Me imaginaba a mi madre biológica por ahí, en alguna parte. Observaba a mujeres al azar, que tuvieran el pelo oscuro y los ojos azules como yo, pensando que quizá se trataba de ella. Sin darme cuenta, forjé lo que acabaría siendo una creencia muy arraigada: que tal y como era no era suficiente. Había algo malo en mí. ¿Por qué, si no, me habrían abandonado a mi suerte?

Para responder a esa pregunta, empecé a contarme una historia: nunca me querrían —ni siquiera me aceptarían— por ser quien era, porque, tal y como era, no era suficiente. Esa historia no era cierta, pero hacía que una experiencia que me tenía profundamente confundida cobrara sentido. Me permitía seguir adelante con una sensación de control sobre una experiencia en la que yo no tenía ni voz ni voto. Suena dramático, pero en aquel momento sentía que esa era la única opción.

Viví esa historia durante años; se impregnó en todos y cada uno de los aspectos de mi vida. No creía que pudiera ser yo misma porque desde un inicio no me quisieron. Intenté evitar salir de allí; lo pensaba dos veces antes de hacer nuevos amigos porque pensaba que, de una forma u otra, acabarían descubriendo que era «insuficiente». Intenté perfeccionar mi escapatoria; me esforcé para ser lo más especial, dotada, única e inteligente posible, pensando que *eso* haría que fuera suficiente. Y no fue hasta que intenté suicidarme a los catorce años cuando, finalmente, a través de la terapia y de prácticas de sanación, empecé a explorar mi historia y a indagar cómo afectaba a mi identidad y a mi relación conmigo y con los demás.

El proceso me pareció aterrador y abrumador. No sabía si podía llegar a cambiar mi historia. Esto no me lo habían enseñado ni me habían hablado de ello de pequeña, así que no tenía ni idea de que era posible. Pero me di cuenta de que, para tener la oportunidad de vivir una vida siendo mi yo verdadero, debía enfrentarme a mi historia, explorarla y reescribirla.

Me recosté en el diván de una terapeuta semana tras semana y empecé el proceso de examinar la creencia que me había generado y la historia que había derivado de ella. Mi terapeuta era especialista en personas adoptadas, así que no tuve que explicarle mucho para que realmente entendiera el dolor que llevaba dentro. Ella me veía de verdad; lo notaba por la ligera sensación de alivio que experimentaba en el pecho cuando estaba en su consulta. Recuerdo que me dijo: «Muchas personas adoptadas se sienten así, muchas personas adoptadas han sentido y sienten aún que no fueron suficiente. No estás sola, y es normal que te sientas así. Podemos explorarlo poco a poco». ¡Sentí tal sensación de alivio al saber que no era la única! Nunca había hablado con otras personas adoptadas, así que oírle decir esto me brindó una sensación de comunidad, incluso con personas a las que no había llegado a conocer.

Compartir mi verdad con una terapeuta fue el catalizador que me dio permiso para explorar mi historia. Nunca le había puesto palabras, y encontrarlas para expresar lo que sentía por dentro me aportó claridad. Fue liberador ser capaz de hablar franca y abiertamente sobre mi historia (que previamente había mantenido escondida y silenciada). Esa experiencia hizo que emprendiera un camino de crecimiento y sanación que ha sido complicado, pero al fin y al cabo me ha recordado que tengo más control sobre mi historia del que había creído durante mucho tiempo. Todos lo tenemos.

Independientemente de los muchos títulos que ostento, una de las labores que desempeño ahora mismo es como terapeuta, ayudando a mis pacientes a desenmarañar sus historias. No llegué a imaginarme que acabaría aquí, ofreciendo lo que yo necesité. Pero viendo cómo los demás exploraban este trabajo, pude entender lo que llevaba tanto tiempo sintiendo. Fueron muchas las personas que me permitieron explorarlo en mi interior y, a su vez, en mi propia obra. Personas como Brené Brown, una profesora de investigación que revolucionó el estudio de la valentía, la vulnerabilidad, la empatía, la vergüenza y (esto es especialmente relevante) la apropiación de la propia historia. Personas como Tara Brach, una psicóloga que me enseñó muchísimo acerca de lo que ella denomina *aceptación radical*, o la idea de que encontrar la aceptación en lo que *hay* nos permite volver a nuestro yo verdadero. Personas como Carl Rogers, un psicólogo que cofundó la psicología humanística y nos recordó que ya somos suficiente como somos. Personas como Pema Chödrön, Mary Oliver, bell hooks, Glennon Doyle, Sharon Salzberg, Cheryl Strayed, Irvin Yalom, Elizabeth Gilbert y Rick Hanson, escritores y pensadores. Todos ellos han influido en mi vida y mi obra de muchas maneras. Campos de investigación como la terapia narrativa, que nos ayuda a externar un problema para que no lo sintamos como un problema; la terapia de sistemas de la familia interna, que nos permite presenciar y sanar todas las partes que conviven en nuestro interior; la terapia basada en el mindfulness o consciencia plena, que nos enseña a encontrar más presencia y consciencia sin juzgar nuestras vidas; la terapia basada en la compasión, que fomenta la clemencia con uno mismo y con los demás; los sistemas de familia, que nos dan información acerca de cómo nuestra familia de origen afecta a quiénes somos; y la terapia de aceptación y compromiso, que explora la aceptación, la consciencia plena y la flexibilidad emocional. Todos estos maestros espirituales, creativos y líderes, y todas las modalidades de sanación, han cultivado la manera en que me veo y veo el mundo.

Algo de lo más importante que he aprendido en mi trabajo es que yo misma creé mi historia por un motivo: creé mi historia de «no soy suficiente» para que lo que me había pasado tuviera sentido. Como no tenía las respuestas que necesitaba, me creé mis propias respuestas. Veo esta experiencia también en algunos pacientes. Es fácil olvidar que nuestras historias tienen un uso u otro para nosotros, aunque sean unos usos complicados. Sentir la curiosidad de investigar la función que estaba cumpliendo mi historia para mí, aunque fue doloroso, me aportó la información necesaria para entender *por qué* estaba llevando a cuestas esa historia. Ese fue el inicio de mi camino hacia la sanación. A menudo, para mis pacientes, ese también es el inicio del suyo. He escrito este libro para que puedas empezar y continuar el tuyo.

La definición de *sanación* en el diccionario es la siguiente: «el proceso de volver a estar bien y sano».* Lo entendemos al momento en el sentido físico —curar enfermedades o lesiones—, pero también se aplica a nuestra salud emocional. La palabra que me resulta más relevante aquí es *proceso*, y para mí ha sido extremadamente importante recordar que se trata de un proceso a medida que he ido avanzando en mi propio camino de sanación, con sus altibajos, mientras he ido creciendo en mi propia vida. No hay un punto final en la sanación, sino fluctuaciones con las que mantenemos una relación constante. Muy a menudo, en nuestra cultura, abordamos la sanación como algo que queremos alcanzar rápidamente, algo que tenemos que tachar de la lista.

Pero la cruda realidad es que la sanación (en cualquier sentido) no ocurre de la noche a la mañana. No es una experiencia única que solo pasa una vez, no es algo lineal, y no es algo que lleguemos a concluir nunca. *Sanar* no significa «arreglar», «olvidar», «eliminar» ni «deshacer». *Sanar* significa integrar las piezas dolorosas de nuestra historia para que podamos estar más enteros, para que podamos llegar a ser nuestro yo completo. Significa permitirnos cargar con nuestra historia sin que ella nos lleve adonde ella quiera.

La maravillosa verdad es que siempre podemos sanar y sanar siempre es un proceso, lo que significa que siempre es posible. Lo he aprendido a base de explorar mi propia historia y de presenciar las historias de mis pacientes.

Nuestras historias (lo que hemos vivido, las creencias que hemos generado, y las narrativas que hemos desarrollado como respuesta a esas vivencias y creencias) nos afectan de infinitas maneras. Afectan a nuestro sentido del yo y nuestras relaciones. Afectan a las decisiones que tomamos y cómo nos cuidamos. Tienen un impacto

---

* En el Diccionario de la Real Academia Española, *sanación* se define como «efecto de sanar» («restituir a alguien la salud que había perdido», «dicho de un enfermo: recobrar la salud»). *[N. del T.]*

en el prisma desde el que vemos el mundo y en cómo nos exponemos a este. Nos afectan de tantas maneras que ni nos damos cuenta de ello hasta que miramos de más cerca…, y precisamente por eso es tan importante hacer esta exploración.

Aunque nos contemos muchísimas historias, me he dado cuenta de que tendemos a contarnos una o dos historias a gritos. Y a menudo podemos encontrar el origen de esas historias tan ruidosas en vivencias concretas o incluso en momentos determinados de nuestra infancia. Cuando pienso en mi experiencia, en gran parte surge del significado que le di al hecho de que me abandonaran y me adoptaran. De pequeña, me inventaba historias en las que me decía que no valía lo bastante, que no encajaba en ninguna parte y que necesitaba ser lo más perfecta posible para que me quisieran, simplemente porque creía que no era suficiente tal y como era.

En mi consulta, he visto que las historias de otras personas también surgen de la misma creencia. Muchos de nosotros habíamos llegado a creer que no éramos suficiente tal y como éramos. Que, por algún motivo, teníamos que cambiar partes de nosotros o hacer ciertas actividades para que nos quisieran, nos escucharan y nos vieran, nos entendieran y nos aceptaran. Al final he llegado a entender que esta creencia de no ser suficiente se había convertido en una creencia arraigada.

Una creencia arraigada es la creencia básica que nos informa de cómo nos sentimos en relación con nosotros y con el mundo. A partir de esta creencia arraigada se forma nuestra sensación del yo, nuestras historias sobre quiénes somos y nuestra manera de comportarnos en el mundo. Lo que surge de allí es distinto para cada persona; hay muchas variantes. Para algunas personas puede derivar en querer complacer a todo el mundo para poder sentir que son lo suficientemente buenas; para otras puede derivar en negarse sus propias necesidades para merecer el amor. No importa qué aspecto tenga en tu caso concreto, porque el resultado será el mismo. Todo crece de la raíz: cuando la raíz es dura o crítica, es difícil florecer. Cuando echamos un vistazo a nuestras historias podemos empezar a darnos cuenta de lo que ha crecido (o no ha crecido) de allí. Si nuestra raíz no es fuerte y saludable, no podemos crecer más allá. Pero si la raíz es suficientemente resistente para aguantar la tormenta, podemos florecer ante cualquier situación. Por eso es fundamental que examinemos nuestras historias. Sacar a la luz lo que ha quedado debajo de la superficie durante tanto tiempo nos permite reconocer cómo hemos desarrollado los pensamientos, las creencias y los comportamientos que hemos vivido desde entonces. A partir de ahí, podemos empezar a elegir qué regamos y qué dejamos morir.

No se nos enseña a parar y examinar si esas historias son verdad o, lo que es más importante, si nos sirven de algo. Cuando trabajo con mis pacientes, veo y escucho los «ajás» que experimentan al hacerlo. Presenciar cómo la gente descubre por qué piensa como piensa, por qué se siente como se siente, por qué interactúa con los demás como lo hace y cómo ha llegado a desarrollar la historia que lleva a cuestas es algo potente y poderoso. Hay muchos momentos que nunca olvidaré: estar sentada en mi consulta, con luz tenue, sabiendo que el silencio significa que algo les está cambiando por dentro. Momentos de lágrimas mientras vemos, lenta y suavemente, los patrones de comportamiento con más claridad. Momentos de alegría cuando dicen: «Qué alivio entender que soy así por algún motivo, que no es porque haya algo malo en mí, sino que soy así por algo que me pasó». Momentos de gratitud cuando experimentan cambios reales en su bienestar emocional. Estos momentos te cambian la vida y todo el mundo se merece acceder a este tipo de sanación.

Trabajar con otros humanos de cerca me recuerda lo mucho que tenemos todos en común cuando apartamos las diferencias y llegamos a la raíz. Todos nos queremos sentir queridos. Todos queremos que nos escuchen y nos vean. Todos queremos que nos entiendan. Todos queremos experimentar una sensación de pertenencia.

Todos queremos sentir que somos suficiente tal y como somos. Esto es lo que estoy descubriendo en mi camino hacia la sanación.

Yo antes me contaba a mí misma la siguiente historia: «Nunca me va a querer nadie, nunca me aceptarán ni sentiré que pertenezco a alguna parte tal y como soy porque mi yo completo no es suficiente». Y la reescribí. Mi nueva historia dice así: «Soy una persona encantadora de forma innata, a la que los demás aceptan por naturaleza, y me pertenezco profundamente, y consecuentemente pertenezco al mundo. Soy suficiente tal y como soy». Vivir esta nueva historia (aunque no todo el tiempo) ha transformado por completo la manera en que me veo y las formas en que me expongo al mundo. Me ha cambiado la vida.

Si alguna vez has sentido que no encajas o que no mereces algo siendo tal y como eres, o que tu yo completo no es suficiente…, puede que haya llegado el momento de que tú también te cuentes una nueva historia.

Este libro busca que te sinceres y explores cómo te afectan tus propias historias. Y tal y como descubrirás, seguramente te estén afectando mucho más de lo que piensas. Se trata de hacer el valiente trabajo de reformular tus historias para que puedas elegir mostrarte diferente. Y también se trata de liberarte integrando todas las partes de quien eres (las bonitas y las no tan bonitas) para poder vivir una vida más sincera, más completa y significativa.

Este libro es una guía, un compañero y una carta de amor. Trata sobre aprender en qué herramientas te puedes apoyar cuando notes que te cuesta sanar. Trata sobre dar espacio a tus experiencias a la vez que te das espacio para que acontezca algo nuevo. Trata sobre ofrecer conexión y comunidad, un recordatorio de que no estás solo, algo que a mí me ayudó en mi propio camino de sanación.

A decir verdad, yo aún estoy en mi propio proceso de sanación. No se ha acabado, no lo he completado ni lo he concluido. No lo he descifrado todo ni he llegado «al otro lado». En el mundo de la «autoayuda», a menudo hay un mensaje que crea jerarquías entre nosotros, que pone a ciertas personas en pedestales y las etiqueta de «expertos», «gurús» o «autoridades», como si tuvieran algo que nosotros no tenemos. Yo no creo en jerarquías ni estoy aquí para contarte otra historia de «¡si yo lo he hecho, tú también puedes hacerlo!». Estoy aquí para compartir un poco de mi verdad y de lo que he recopilado en el camino para que tú también puedas compartir tu propia verdad. Soy humana, como tú, y mi proceso de sanar sigue desarrollándose de nuevas formas a medida que voy desvelando nuevas piezas de mí. Este libro también lo estoy escribiendo para mí.

Como dije antes, el proceso de sanar fluctúa, e incluso con todo el trabajo interior que he hecho, sigo explorando historias que me cuento a mí misma. Sigo teniendo días en los que siento que no sé lo que estoy haciendo. Sigo teniendo momentos de confusión y desconexión total. Sigo viviendo periodos de depresión. Me sigo quedando estancada, a veces. Escribo, enseño y trabajo desde la posición de estar compartiendo el camino contigo, desde el mismo camino de la sanación continuada, desde el mismo camino que me permite ser, ante todo, completamente humana.

Lo más importante que he aprendido sobre ser, ante todo, humana es que no me tengo que avergonzar por ello, y tú tampoco. No tenemos que ser perfectos para ser buenos. Cuando nos damos la oportunidad de desaprender las historias que hacen que nos sintamos inútiles e inferiores, podemos reaprender nuestra bondad inherente. La bondad que siempre ha estado allí, debajo de todo lo que se le ha acumulado encima, a lo largo de la vida. La bondad que a menudo olvidamos. La bondad que a menudo no creemos tener o no vemos. La bondad con la que nacimos y que siempre tendremos, independientemente del dolor que experimentemos por el camino. Porque tú (y yo) siempre hemos sido suficiente.

A lo largo de este libro, voy a compartir contigo muchas de las actitudes y prácticas que me han apoyado a mí y a otras personas en este camino de sanación, y las voy a dividir en tres partes: *ganar sinceridad, ganar valentía y ganar libertad. Ganar sinceridad* consiste en enfrentarte y explorar tus creencias y las historias que nacen de ellas, cómo se nos aparecen en la vida y qué impacto han tenido en quienes somos. Entender cómo están entretejidas nuestras historias a lo largo de nuestras vidas nos hace ser conscientes de que tenemos que avanzar con claridad. *Ganar valentía* se trata de hacer la valerosa labor de desarraigar las historias que nos retienen y crear historias nuevas. Esta labor nos permite decidir quiénes somos realmente. *Ganar libertad* consiste en salir adelante con nuestras nuevas historias. Se trata de encarnar lo que hemos descubierto a lo largo de la complicada y preciosa labor aquí descrita, de manera que apoye de forma completa nuestra humanidad, bondad y nuestra calidad inherente de «ser suficiente». Esta labor nos permite influir en cómo se desarrollan nuestras historias y nuestras vidas.

En estos tres apartados compartiré contigo mi propio camino y fragmentos de caminos ajenos, basándome en mi propia experiencia trabajando con otras personas. Espero que esas historias ilustren cuáles son algunas de las formas más comunes en las que nuestras historias pueden afectarnos en la vida, así como lo que pasa cuando reformulas esas historias e integras historias nuevas. Aunque todos tengamos experiencias distintas, tengo la sensación de que muchas de nuestras historias se parecen. Historias que nos cuentan que tenemos la necesidad de ser perfectos para merecer algo, que nuestras necesidades no importan, que somos unos impostores, que necesitamos autocriticarnos para controlarnos, o que no encajamos en algún lugar, suelen ser comunes; todas se basan en la creencia arraigada de que no se es suficiente. Simplemente, se manifiestan en nosotros de formas distintas.

Voy a tratar de darte no solo prácticas, sino también maneras de ser, de pensar y de manifestarte, preguntas que te guíen de regreso a tu propia sabiduría y recordatorios de todo lo que ya llevas dentro. Ya eres suficiente. No te tienes que arreglar, solo tienes que recordar quién eres debajo de los mitos restrictivos que has tenido sobre ti durante tantos años. Lo que hay debajo de todo eso es enormemente extraordinario.

Que este libro humanice tu sanación. Que este libro honre tu proceso. Que este libro no trate de «arreglarte», sino de «recordarte». Que este libro dé espacio al caos junto a la belleza. Que este libro te ofrezca refugio en todo. Que este libro te arrope mientras redescubres cómo arroparte a ti mismo.

Adelante. Me alegra mucho que estés aquí.

DIEZ PAUTAS INFORMALES PARA INVOLUCRARTE EN ESTE LIBRO

1. Nuestras historias son sensibles, personales y sagradas. Te animo a tratarte con el máximo de compasión y gentileza que te sea posible mientras intentas entender las historias de las que provienes y en las que vives. Obséquiate ofreciéndote amabilidad y perdón en tu camino.

2. Aunque este libro abarque mucho, no lo cubrirá todo. Puede que no cubra exactamente tu experiencia, eres una persona única con una historia única. Y no está dirigido a aquellas personas con traumas serios u otros desafíos de salud mental. Solo quiero dejarlo claro para que no pienses que hay algo malo en ti si este libro no evoca tus circunstancias únicas. Te invito, si quieres, a buscar un apoyo individualizado, ya sea a través de terapia o con un *coach* o con un mentor (¡o cualquier otra modalidad de la que hable en el libro!). No tenemos que afrontarlo solos. Así no es como se hace.

3. Es posible que muchos libros te hagan creer que saben exactamente lo que necesitas para convertirte en una persona total e indudablemente realizada a nivel personal... de inmediato. Este libro no lo hará. Las soluciones rápidas son atractivas, pero no suelen ser sostenibles con el tiempo. Sanar es un juego a largo plazo, amigos, y permitir que la sanación sea un proceso continuo en vez de un destino que alcanzar aporta un mayor sentido de aceptación de donde estamos. Tómate las historias, las prácticas, las herramientas y los recursos de este libro como consejos en vez de como indicacio-

nes. Yo no seré una autoridad más que te diga lo que tienes que hacer, sino que espero que este libro sea una ofrenda, una idea, una colaboración, una invitación y un recordatorio de todo lo que ya llevas dentro para sanar, crecer y prosperar.

4. Este libro contiene mis propias experiencias, observaciones, aprendizajes, ideas y percepciones. Es posible que algunas difieran de las tuyas y no pasa nada. Te animo a anotar en qué puntos puede que no estés de acuerdo y a que te permitas explorar por qué. No siempre tengo razón.

5. Tú eres la mejor persona que te puede sanar. Tengo la esperanza de que este libro te invite a recurrir a tu propio poder a medida que exploras cómo cargar con tu historia y contigo, y que te permita avanzar.

6. La vida fluctúa. Hay temporadas más difíciles y otras que parecen más llevaderas. Te invito a tenerlo presente mientras exploras tu propia historia, sabiendo que no tienes que llegar a ninguna parte para que puedas experimentar algo de lo que comparto en este libro.

7. A veces sanar es difícil. No te olvides de hacer pausas, de reír, de encontrar la alegría, de buscar el placer, de tener una actitud despreocupada y, simplemente, de ser. Tal y como aprenderás, estos momentos y estas acciones también son una parte fundamental del proceso de sanación. A veces nos centramos tanto en mejorar que olvidamos que no somos proyectos que se tengan que arreglar. Somos humanos.

8. Sanar no es algo más en lo que debamos proyectar nuestro perfeccionismo. La perfección ni es posible ni es necesaria. Ni en la sanación, ni en la lectura de un libro, ni en hacer las tareas que se describen aquí..., ni en ninguna parte. A menudo queremos sanar a la perfección, crecer a la perfección, cambiar a la perfección y a la vez asegurarnos de que todo el mundo que nos rodea está cómodo y que a todo el mundo le parece bien lo que estamos haciendo. Tal vez, dejar que este

proceso sea un poco desordenado te ayudará a sanar. Desde mi punto de vista, del desorden emana su propia magia.

9. No olvides seguir dándote las gracias por haber decidido dar la cara por ti, por ser de la manera que surja al leer este libro y en cualquier momento de ahora en adelante. Veo lo que haces y estoy orgullosa de ti.

10. Puedes volver a empezar, una y otra vez, eternamente.

ABORDAR LA HISTORIA COLECTIVA

Algo que veo que suele faltar en el mundo de la autoayuda es el debate acerca de cómo la historia colectiva tiene un impacto en tu propia historia. Para mí, la historia colectiva es la historia que hay en los sistemas en los que vivimos, y todos ellos tienen un impacto en nuestras historias individuales. Solemos responsabilizar exclusivamente a las personas de su propio proceso de sanación, sin abordar los factores externos tan reales y tan válidos que de entrada contribuyen a sus complicadas historias. Pienso en cómo la gente le dice a una mujer afrodescendiente que subsane las microagresiones que sufre con «amor y luz». Pienso en cómo la gente alienta a los miembros de la comunidad LGTBIAQ a que no se sientan atacados por los crímenes de odio mediante la meditación. Pienso en cómo nuestra cultura nos dice que descansemos, y que a la vez prioricemos y premiemos la productividad infinita. Pienso en cómo nuestra cultura insiste en que el pensamiento positivo curará a aquellos que viven en un mundo que no es seguro para ellos. Para mí, desde la perspectiva privilegiada de ser una mujer blanca y con estudios, es muy fácil hablar y escribir sobre el autocuidado, la sanación y la autoaceptación. Pero también quiero reconocer lo mucho más difícil que es todo para aquellas personas que no tienen suficiente dinero para poner una cena en la mesa, aquellas que se abren camino entre la opresión y la violencia, y que viven en entornos que no te permiten hacer nada más que sobrevivir un día más. No todos los obstáculos que vivimos los tenemos que arreglar nosotros. Es posible que sea nuestro sistema el que tenga que reconocerlos y cambiarlos.

Te lo digo porque las actitudes y prácticas incluidas en este libro (o en cualquier libro) no lo curarán todo. La autocompasión no arreglará de inmediato las políticas racistas. Los ejercicios de consciencia plena no sanarán siglos de dolor infligido a pueblos marginalizados. Escribir en un diario no curará las heridas de ser considerado inferior por ser quien eres. La meditación no pondrá remedio a la desigualdad. No voy a hacer ver que realizar un trabajo interior arreglará lo que pasa en el exterior, porque no es así. Estas creencias pueden ser complejas. Se te puede hacer muy pesado esforzarte para encontrar la manera de exponer todo tu ser ante el mundo cuando el mundo no siempre hace que sea seguro mostrarse por completo. Puede parecer trivial compartir algunas de estas mentalidades y prácticas; ya lo sé, lo he visto con mis pacientes. Todas las prácticas y mentalidades combinadas no eliminarán el dolor real que tantas personas experimentan a diario a raíz de fuerzas externas.

Hay personas que sienten a menudo la carga de tener que «arreglarse» lo suficiente para que ya no les afecten estos factores externos. Aunque pueda ser un objetivo realista para algunos, a mí me parece perjudicial poner tanta presión en las mismas personas que necesitan que el sistema cambie para sentirse seguras y a salvo en este mundo. Como profesional y como ser humano, elijo tener estas conversaciones difíciles, porque la alternativa es seguir en silencio, participando en el problema en vez de abordarlo y de crear un espacio lo más seguro posible (lo cual no es siempre alcanzable) para aquellas personas que lo necesitan desesperadamente.

Así que, antes de seguir, quiero parar un momento y reconocer lo muy comprensible que es que muchas de estas prácticas y actitudes te parezcan complicadas. Quiero mostrar mi respeto por lo difícil que es para muchas personas seguir adelante en un mundo que no les hace sentirse queridas. Quiero reconocer lo injusto que es que te pidan que hagas esta labor en una sociedad que no está haciendo lo necesario para asegurar que te sientas valorado, seguro y querido. Te mereces un entorno y un espacio que te acoja con los brazos abiertos, que reconozca tu importancia inherente, que honre tu singularidad, que aprecie tus dones y que conozca tu valor a pesar de cualquier diferencia. Tú eres importante y tu existencia es importante, y lo siento de verdad si esta sociedad no siempre te lo transmite.

Aunque sé que lo que comparto en este libro no curará ni arreglará todos los factores externos que nos afectan a tantos de nosotros a diario, espero que algunas de las prácticas y maneras de pensar te permitan empezar a ver formas en las que te puedes abrir al mundo, incluso cuando el mundo no se esté abriendo para ti. Espero que lo que te ofrezco te empodere para reconocer tu fortaleza interior, incluso cuando no deberías tener que seguir siendo fuerte ante todo lo que está pasando. Espero que la exploración de tu historia te permita separarte un poco de las historias que se cuentan acerca de ti. Espero que reconozcas tu habilidad para modificar la historia que te cuentas, a pesar del ruido exterior. Espero que las palabras de este libro te ofrezcan un recordatorio de que no estás solo y que puedes controlar cómo te muestras al mundo y en tu propia vida, incluso cuando los obstáculos quizá no desaparezcan a medida que tus historias internas vayan cambiando.

Tan pronto como encontremos maneras de sanar por dentro, también tenemos que reconocer y debatir las maneras en las que la historia colectiva en la que estamos viviendo está perjudicando a tanta gente. Esas personas no deberían tener la labor de intentar sanarse constantemente de los síntomas causados por el colectivo. Nosotros (especialmente las personas blancas privilegiadas) también tenemos que hablar de cómo podemos apoyarnos a nosotros y a nuestros vecinos defendiendo un cambio de política. Votando. Participando en la democracia. Trabajando en el voluntariado si tenemos la capacidad emocional para hacerlo. Aprendiendo de la historia de opresión y discriminación en Estados Unidos. Reconociendo el privilegio. Escuchando. Eligiendo ver a los demás. Con compasión y empatía.

Seguir adelante, mantener viva la esperanza y seguir luchando aquí donde estamos puede parecer una tarea imposible. Y, sin embargo, yo siempre otorgaré más espacio a la esperanza que a algo más. Tal y como les cuento a menudo a mis pacientes, yo tendré esperanza en ti cuando tú no puedas tenerla. Seguiré creyendo que todo puede cambiar, que el colectivo puede transformarse y que todos podemos encontrar un espacio más amplio para sanar y transformar la historia colectiva por la que navegamos a nuestra manera. Estoy profundamente agradecida con las personas afrodescendientes, indígenas, racializadas, a la comunidad LGTBIAQ, la comunidad *body positive* y a todas las otras comunidades que son pioneras a la hora de enseñarnos a integrar este trabajo en nuestras vidas.*

* Algunas de las personas de las que sigo aprendiendo acerca de la historia colectiva son Tricia Hersey, Rachel Ricketts, adrienne maree brown, Resmaa Menakem, Sonya Renee Taylor, Rachel Cargle, Jennifer Mullan y mis antiguos grupos de supervisión clínica, así como de mis encargados.

ENTENDER NUESTRAS HISTORIAS

El primer lugar en el que hablé de fragmentos de mi historia en voz alta, fuera de la consulta del terapeuta, fue cuando estaba estudiando el máster en la Universidad de California en Santa Cruz (UC Santa Cruz). Cursaba un seminario de Psicología Moral y el proyecto final era escribir una presentación de treinta minutos sobre algún aspecto de nuestras vidas con el que siguiéramos cargando. Yo decidí hablar de mi abandono, mi incesante búsqueda de identidad y mi historia con la depresión (ya sabes, cuestiones ligeritas y normales). Me paré enfrente de mis compañeros y al límite de mi ser.

«Me doy cuenta de que mi abandono no tuvo nada que ver con quién soy como persona ni con mi valor al nacer —dije—. Pero así es como me afectaba y estas son las creencias que generé alrededor de mi persona, tanto si eran válidas como si no. He arrastrado estas creencias toda mi vida».

Expliqué que esas creencias habían marcado los caminos de una relación dañina conmigo misma y de relaciones complicadas con los demás. «No todo es malo —dije—, y he hecho avances extraordinarios en mi vida desde que tenía catorce años hasta hoy, pero aún me queda mucho por hacer».

Dije cosas que solo había verbalizado con muy pocas personas. Compartí fragmentos de mí que pensaba que tenía que mantener escondidos. Partes de mí que quería mantener enterradas. Partes de las que aún me avergonzaba. Partes que antes no quería que nadie más viera de mí. Al final de la presentación, leí en voz alta una carta que le había escrito a mi madre biológica: «Mi alma anhela conocer a la tuya, no solo para hacerte preguntas, sino también para abrazarte y decirte que no pasa nada. No pasa nada. Sé que no solo yo la he pasado mal, tú también la has pasado mal. Sé que cada año, cuando pienso en ti el día de mi cumpleaños, tú también estás en alguna parte pensando en mí».

Le agradecí a mi madre biológica. Le agradecí por ser suficientemente valiente como para llevarme el tiempo necesario para poder dejarme ir. Le agradecí por darme la oportunidad de querer, sentir el dolor, vivir la alegría, abrazar a mis amigos y a mi familia, y de descubrir quién soy y qué quiero de la vida. «Sin ti no sería», dije.

Apenas pude acabar lo que quedaba de carta. Las lágrimas me inundaban el rostro. Y me sobrevino un mareo arremolinado.

Cuando finalicé, hubo unos segundos de silencio. Miré al suelo, el corazón me latía a mil por hora. Cuando levanté la vista, la mayoría de personas en el aula estaban llorando. Mi profesor se puso la mano en el corazón. Habían visto la totalidad de mi ser y me recibieron con los brazos abiertos.

Me quedé aturdida, con las rodillas temblorosas, alucinada por lo que pasó cuando decidí compartir las partes duras de mi historia en vez de las partes fáciles. Cuando decidí contar la verdad de una vez por todas.

Recuerdo ese momento a menudo. Escribir esa carta me cambió, y leerla en voz alta me cambió aún más. Fue un potente recordatorio de lo que pasa cuando hacemos espacio para que nuestras historias salgan de su escondite: nos permite salir a nosotros también del nuestro. Entender mi historia no ha arreglado o cambiado lo que me ha pasado en la vida, pero me ha permitido que vieran mi yo completo, y me ha permitido sanar. Y esto nos lo merecemos todos.

Reformular nuestras historias empieza por entenderlas. Es complicado tener compasión por las historias que no entiendes, y aún más compartirlas con los demás. Por eso es tan transformador empezar entendiendo nuestras propias historias con profundidad. Por eso empezamos por aquí.

El instinto humano hace que nos contemos historias. En 1944, los psicólogos Fritz Heider y Marianne Simmel llevaron a cabo un estudio en el que los sujetos veían una película de animación con formas moviéndose por la pantalla y descubrieron que la mayoría de sujetos, cuando se les pedía que explicaran lo que había pasado, creaban una historia al respecto. Así es como hacemos que lo que vivimos tenga sentido. Nos aporta una sensación de control. Crear historias internas puede ser un proceso inconsciente. Puede que no nos demos ni cuenta de lo que nos estamos contando hasta que paramos y empezamos a prestar atención. Esto es exactamente con lo que te quiere ayudar este libro: conectar contigo para empezar a entender tu historia, lenta y suavemente, para que puedas reescribir las partes que son un lastre y puedas avanzar con más integridad. Entender, reformular y luego integrar tu historia forma parte del proceso de sanación. Ganar sinceridad te lleva a ganar valentía y ganar valentía te lleva a ganar libertad.

Un amable recordatorio: puede que ya sientas un poco de abatimiento al pensar en adentrarte en algunas de tus historias. Es normal. Te invito a que vayas a tu propio ritmo, a que te des permiso para parar y respirar. Esto es un proceso y no tiene línea temporal. Comprueba que estás bien a medida que vayas leyendo, y date las gracias por estar llevando a cabo esta labor.

CÓMO SE GENERAN NUESTRAS HISTORIAS

A lo largo del libro utilizaré la palabra *historia* a menudo. Puede que te preguntes qué es exactamente una historia. Yo concibo nuestras historias de dos modos: lo que hemos vivido y lo que nos contamos acerca de lo que hemos vivido. Imagina que estás probando una nueva receta para hacer un pastel de chocolate y lo dejas demasiado tiempo en el horno y se te quema. La historia que viviste es: «Quemé el pastel de chocolate». La historia que te cuentas acerca de lo que viviste es: «No sé ni hacer un pastel de chocolate».

Nuestras historias son a la vez

lo que hemos vivido

y lo que nos contamos

acerca de lo que hemos vivido.

Nuestras historias pueden ser pequeñas («no me sale bien esta receta») y grandes («soy un fracaso»). Nuestras historias pueden brindarnos apoyo («probé una nueva receta y lo hice lo mejor que pude») y dolor («no sé hacer ni un pastel de chocolate; nunca podré cocinar nada bien»). No siempre son ciertas, pero las interpretamos como verdaderas cuando nos las repetimos las veces suficientes. Jill Bolte Taylor, una neuroanatomista estadounidense, ha desvelado que la vida de nuestras emociones es aproximadamente de noventa segundos. ¿No te parece una locura? Lo que deduzco de esta información es que lo que se queda con nosotros no son las emociones, sino las historias que creamos sobre esas emociones. Las emociones en sí son fugaces hasta que se convierten en una historia.

Sin historias, una emoción no es más que una emoción. Un sentimiento no es más que un sentimiento. Una vivencia no es más que una vivencia. Sin embargo, los humanos somos máquinas de encontrar el sentido a todo. Desde el inicio de los tiempos, los humanos hemos sido diseñados para encontrarle sentido a lo que nos pasa en la vida como mecanismo de autoprotección. La vida puede ser caótica, incierta y abrumadora. Hacer que todo lo que pasa a nuestro alrededor y lo que nos pasa por dentro tenga sentido es una manera de seguir adelante creando una sensación de seguridad.

Sobre todo de niños, queremos desesperadamente que el mundo tenga sentido. El doctor Daniel Siegel, profesor de psiquiatría y un neuropsiquiatra prominente, ha compartido la importancia de lo que él denomina las cuatro eses del apego (por sus iniciales en inglés, *seen, safe, soothed* y *secure*): ser visto, estar a salvo, tranquilo y seguro. Sin experimentar estos cuatro elementos, es fácil que los niños desarrollen historias sobre sí mismos como respuesta al hecho de que no se están satisfaciendo sus necesidades. Si has crecido en un entorno de abandono, desconexión, caos, incertidumbre o abuso (y esta lista podría seguir eternamente, porque las experiencias adversas en la infancia —un campo ampliamente estudiado por la pediatra y actual cirujana general en California, la doctora Nadine Burke Harris— son extensas), seguramente habrás desarrollado una historia para mantenerte a salvo.

Por ejemplo:
- Si las personas que te criaron estaban enojadas a menudo, puede que desarrollaras una historia que te decía que tenías que permanecer en silencio y pasar desapercibido para protegerte y que nadie te hiciera daño.
- Si las personas que te criaron eran impredecibles a la hora de cuidarte, puede que crearas la historia de que no te merecías que te cuidaran regularmente para poder gestionar tus expectativas cuando no lo hacían.
- Si las personas que te criaron te hicieron daño físico o emocional, puede que integraras la historia de que había algo malo en ti para que tuviera sentido el dolor que recibías sin haberlo provocado.
- Si las personas que te criaron daban más valor a lo que hacías que a quien eras, puede que generaras la historia de que para ser bueno tenías que ser perfecto y productivo, y así las personas que te cuidaban te verían.
- Si las personas que te criaron tenían problemas de salud mental, puede que formularas la historia de que cuidar a los demás era más importante que cuidarte a ti para normalizar la inversión de papeles en la prestación de cuidados.

En todos estos casos, los niños aprendieron a encontrar sentido al hecho de que las personas que los cuidaron no supieran estar ahí para ellos, moldeándose para ser aquello que sus cuidadores necesitaban que fueran. Los niños aprendieron que si podían encontrar la manera «correcta» de ser, tal vez podrían recibir el cuidado que necesitaban. Y ya ves cómo esto se convierte en una pesada losa que cargar.

Esto es lo que pasa con encontrar sentido a todo. Empieza siendo un recurso que nos brinda apoyo, pero se complica cuando el significado que otorgamos a todo no es acertado. Deb Dana, una de las principales expertas en teoría polivagal, dice a menudo que «la historia sigue un estado». Con esto quiere decir que nuestras historias siguen, a menudo, las respuestas de nuestro sistema nervioso ante el mundo.

A medida que nos hacemos mayores, lo que había empezado siendo una medida de protección acaba siendo una historia sobre nosotros que hace que permanezcamos pequeños, atorados y desconectados.

Preguntas para reflexionar y explorar tu propio proceso de creación de significado:

- ¿Qué relación tenías con las personas que te criaron?
- ¿Qué tipo de mensajes recibiste a menudo durante tu infancia?
- ¿Cómo fue tu entorno en la infancia y cómo diste sentido a tus experiencias?
- ¿Cómo aprendiste que tenías que ser de una determinada manera para mantener la conexión?
- ¿Cuál es el sentido que le has encontrado a aquello por lo que has tenido que pasar y lo que has aprendido?

OTROS FACTORES QUE CONTRIBUYEN A NUESTRAS HISTORIAS

Incluso si creciste en un hogar relativamente «sano», tu entorno, tu cultura y tu comunidad puede que hayan tenido un impacto en las historias que has desarrollado sobre ti. Nuestras historias surgen de muchas partes y a veces el *dónde* es menos importante que entender el *cómo* se manifiestan nuestras historias en nuestro día a día.

Algunos de los factores que moldean

nuestras historias son la familia,

los traumas, el entorno, los medios de

comunicación y la sociedad.

Familia

De niños, absorbemos constantemente información de las personas que nos cuidan. Esto empieza incluso antes de nacer: el entorno de nuestra madre, sus reflexiones, el apoyo que recibe y sus experiencias empiezan a afectarnos ya cuando estamos en el útero. Hay estudios que demuestran que el estrés prenatal, el estado de ánimo y las experiencias tienen un impacto en el niño e incluso dan forma al cerebro a medida que se desarrolla. Por ejemplo, hay estudios que indican que las hormonas del estrés durante el embarazo pueden influir en el desarrollo del bebé, lo cual puede provocar un aumento del riesgo de que cuando esos niños crezcan sufran dificultades de aprendizaje o conductuales.

En muchos aspectos, nuestras historias pueden empezar mucho antes. Heredamos historias con las que no deberíamos cargar nosotros. El estudio del trauma intergeneracional explora cómo el trauma se pasa de generación en generación a través de las historias que heredamos, tanto si somos conscientes de ello como si no. La historia de nuestra familia tiene un impacto en quienes somos. La llevamos en el cuerpo. Piensa, por ejemplo, en los hijos y nietos de sobrevivientes del Holocausto. Según los investigadores, los niveles de cortisol, una hormona que nos ayuda a responder al estrés, de los descendientes de las personas que sufrieron el Holocausto pueden ser inferiores a los de sus coetáneos. Este trauma les cambió a nivel biológico. Y lo mismo se puede aplicar a otras experiencias traumáticas a las que sobrevivieron nuestros antepasados y con las que luego cargaron.

Y en cuanto nacemos, nos damos cuenta de todo lo que oímos y vemos. Somos pequeñas esponjas que absorbemos lo que vivimos antes de entenderlo claramente. Si fuiste testigo de cómo la persona que te crio criticaba constantemente su peso, puede que interiorices la historia de que ser delgado te da más valor. Si oíste a la persona que te crio ignorando sus propias emociones, puede que interiorices la historia de que se tienen que esconder las emociones. Si viste cómo la persona que te crio adormecía su dolor con el alcohol o con las compras o con la comida, puede que interiorices la historia de que lo complicado se tiene que adormecer en vez de sentirlo. Si la persona que te crio te dijo que hicieras «de tripas, corazón», o que «dejaras de ser tan sensible», puede que hayas interiorizado que ser sensible es una debilidad. Cuando no tenemos más opción, sabemos lo que sabemos, y en la infancia, lo que sabemos viene de lo que vemos y vivimos.

Porque la mayoría de las personas que nos han criado no han recibido herramientas, información o educación acerca de cómo abordar el trauma, regular las emociones y construir relaciones saludables. Ellas, a su vez, lo estaban haciendo lo mejor que podían con lo que sabían. No tenían tanto acceso a la información sobre estos temas como la tenemos nosotros ahora. Todos somos humanos imperfectos que interactúan con otros humanos imperfectos y es muy fácil que esto derive en heredar creencias e historias que no siempre reflejan la verdad de quienes somos.

Y hasta que no ganamos un poco de independencia, no vemos las historias familiares en las que vivimos. Y en cuanto las vemos, podemos decidir enfrentarnos a las historias que hemos heredado y de las que ya no queremos ser partícipes. Esto puede hacer que temamos por la conexión con nuestra familia; puede generar miedo a que dejen de quererte, a que te dejen de lado o incluso a que te eviten, y por eso tantas personas siguen soportando creencias, tradiciones e historias familiares, aunque estas no reflejen sus valores o su verdad.

Trauma

Aparte del trauma intergeneracional, puede que también hayas experimentado algún trauma personal. Bessel van der Kolk, un destacado investigador de este campo, afirmó que el trauma es «cualquier cuestión que sobrepasa la habilidad del cuerpo de lidiar con algo». Normalmente, cuando pensamos en un trauma, pensamos en grandes acontecimientos, como un accidente de coche o la guerra, pero el trauma también puede ser el resultado de experiencias más sutiles y repetidas, pero con un gran impacto: que te desatiendan a nivel emocional, no tener conexiones profundas con otras personas, tener entornos o relaciones inestables, que no se satisfagan tus necesidades, presenciar violencia, ser una persona marginada de la sociedad... Hay muchas experiencias que podrían llevar la etiqueta de trauma y que son mucho más comunes de lo que pensamos.

Ser conscientes de estas experiencias en nuestras vidas puede ayudarnos a entender nuestras historias. Nos recuerda, de nuevo, que cuando no sabemos más, sabemos lo que sabemos. Lo hicimos lo mejor que pudimos para darle sentido a lo que nos pasó teniendo la única información que teníamos en ese momento.

Entorno

Yo crecí sin estar cerca de otros niños adoptados, aparte de mi hermano. Recuerdo preguntarme por qué no conocía a nadie más que fuera adoptado y lo que esto podía significar de mí. ¿Significaba que no estaba en el lugar adecuado? ¿Significaba que era rara? ¿Significaba que había algo malo en mí? Me hacía estas preguntas una y otra vez. No conocer a otras personas que tuvieran ese punto en común conmigo hizo que algunas partes de mi infancia fueran duras; y me parecieron aún más duras porque me camuflaba entre los demás. Me parecía a mi familia. Todo el mundo daba por sentado que yo era una niña «normal». Todo el mundo daba por sentado que nada iba mal. Todo esto hizo que fuera muy fácil pensar que si sentía que algo iba mal era por mi culpa y que, si había algo que no funcionaba, estaba en mí.

A veces pienso si todo hubiera sido distinto, si hubiera conocido a otras personas adoptadas, si hubiera tenido el espacio para explorar esa parte de mi identidad con personas que lo entendieran. A raíz de mi experiencia extrañando esta conexión en mi entorno de pequeña, pienso en lo mucho que nos afecta este: en lo que tenemos y lo que no tenemos; en lo que nos rodea o no nos rodea; en lo que vemos o no vemos; en lo que oímos o no oímos; en lo que presenciamos o lo que no presenciamos. Nuestro entorno también tiene un impacto en aquello a lo que tenemos acceso, en los recursos que tenemos a nuestra disposición y en el grado en el que estamos conectados con el cuidado de nuestra comunidad, nuestro grupo de apoyo y nuestro colectivo. Nuestro entorno es como un hogar para el hogar que llevamos dentro, así que también influye en cómo nos relacionamos con nosotros mismos y con los demás. Explorar las maneras en las que tu entorno se manifiesta en tu historia aporta información acerca de cómo has llegado a ser quien eres. ¿Cómo te ha afectado a ti tu entorno?

Nota: este libro no habla necesariamente del trauma de una forma directa y puede que no sea relevante a la hora de trabajarlo. Es fundamental trabajar con un profesional especializado en traumas y recibir un apoyo individualizado si se quiere sanar un trauma. Este libro contiene recursos que te pueden resultar útiles para explorar en tu propia vida.

Medios de comunicación

Nuestras historias provienen de la infancia, pero ese no es el único lugar del que surgen. Nos inundan con relatos sobre quiénes deberíamos ser y qué significa ser «bueno», «aceptable», «deseable» y «tener éxito» constantemente, a lo largo de todas las etapas de la vida.

Los medios de comunicación del mundo entero resaltan determinadas historias, determinados cuerpos, determinados estilos de vida, determinados objetivos…, ya sabes de qué hablo. Vemos imágenes ideales constantemente, y esas imágenes nos van calando y afectan a las historias que nos creamos sobre nosotros: historias que nos dicen que nuestro cuerpo no es lo suficientemente delgado, que nuestras relaciones no son lo suficientemente perfectas, que nuestros objetivos no son lo suficientemente grandes, que nuestra casa no tiene el suficiente estilo, que no somos lo suficientemente jóvenes. Las historias que generamos basándonos en lo que nos inunda cada día tienen un impacto en nosotros sin que ni siquiera nos demos cuenta de ello.

Esto es especialmente relevante en la actualidad, en la era de las redes sociales y de internet, ya que es aún más fácil acceder a los discursos que nuestra cultura en un sentido más amplio fomenta sobre lo que deberíamos perseguir. Se exhiben a diario imágenes de lo que se percibe como perfección, y las comparaciones están desenfrenadas. Nuestras historias internas se cultivan a menudo a partir de las expectativas, normas y sistemas externos que no siempre están diseñados teniendo en cuenta nuestro bienestar.

Si estamos expuestos a estas historias durante el tiempo suficiente, empezamos a interiorizarlas. Puede que incluso lleguemos a atribuir parte de nuestro valor a si alcanzamos o no esos estándares creados externamente de cómo «deberíamos» ser y qué aspecto «deberían» tener nuestras vidas.

Entender los mensajes que recibimos a diario y cómo podemos estar interiorizándolos es fundamental para reconocer las historias que arrastramos, y cuáles no deberíamos estar cargando nosotros.

Sociedad

No vivimos en una burbuja, vivimos en una sociedad que tiene sus propias historias que se filtran de diversas maneras en nuestras vidas. Los medios de comunicación son una parte de ello, pero esas historias se esparcen por muchas partes, desde los planes de estudio en las escuelas hasta los decretos gubernamentales, o las doctrinas religiosas o cualquier tipo de normas sociales. En estos momentos, Estados Unidos es un país sumergido en una cultura de capitalismo, patriarcado y supremacía blanca que valora a los ricos por encima de los pobres, a los hombres por encima de las mujeres, a los heterosexuales por encima de los que no lo son, a las personas sin ninguna discapacidad por encima de aquellas que sí la tienen, a los delgados por encima de los gordos, y a los blancos por encima de los afrodescendientes, y las historias de Estados Unidos perpetúan estos valores. Sonya Renee Taylor, autora de *The Body Is Not an Apology* (*El cuerpo no es una disculpa*), me ha enseñado mucho acerca de cómo nuestro mundo interior recibe el impacto de los sistemas en los que vivimos. ¿Qué historias has heredado sobre lo que significa ser un hombre o una mujer, o sobre lo que significa no identificarse con ningún género? ¿Qué historias has aprendido acerca del color de tu piel? ¿Qué historias has aprendido acerca de cuánto dinero tienes? ¿De tu ropa? ¿Del barrio en el que vives?

Estamos constantemente rodeados de historias que nos dicen cómo «deberíamos» ser, cómo «deberíamos» actuar, qué calendario vital «deberíamos» seguir y quiénes «deberíamos» ser basándose en normas y estándares culturales (que fueron inventados). ¿Qué historias has heredado sobre qué podías y qué no podías hacer con tu vida? ¿Cómo deberías y cómo no deberías sentirte sobre ti mismo?

Las historias sociales se perpetuaban en todas partes cuando yo era niña. También se perpetuaban en todas partes cuando mis padres eran pequeños, así que rápidamente se convirtieron no solo en historias sociales, sino también en historias familiares. Nuestras historias sociales han moldeado nuestras historias familiares, que a su vez han moldeado nuestras historias personales. Es normal que miremos hacia nuestro interior, pero también tenemos que reconocer todas las vías por las que se han entrelazado nuestras historias personales con las historias que hemos heredado y lo que hemos escuchado.

Esto es especialmente importante para aquellas personas que sienten que tuvieron una «buena» infancia, pero que siguen cargando con historias dolorosas sobre sí mismas. Es fácil comparar el dolor…, dar por sentado que como hay gente que está peor, o que tiene una historia más dura, tu dolor y tu historia no cuentan y no importan. Nos enseñan a vernos, los unos a los otros, de forma jerárquica, a compararnos como mejores o peores, como superiores o inferiores. La verdad es que como cada uno de nosotros tiene su propia vida única e individual, también tenemos nuestras propias historias y dolores individuales, a la par que el resto del mundo. No tienes que demostrarle tu dolor a nadie, o los desafíos a los que te enfrentas, las vivencias más duras o por qué tienes estas historias tan dolorosas en tu interior. Puedes limitarte a aceptar lo que hay y dejar que los demás hagan lo mismo.

Como puedes ver (por las muchas fuentes diferentes de las que pueden surgir nuestras historias) nuestra vida entera es una historia. Nuestras creencias son una historia. La manera en que pensamos sobre nosotros es una historia (lo que pensamos cuando pensamos en nosotros). Cómo nos sentimos respecto a nosotros mismos es una historia. Cuando me planteo entender estas partes diferentes de nosotros como historias, tengo una sensación de libertad. Si las historias se crean, significa que las historias pueden cambiar. Espero que tú también lo sientas así cuando lo leas. Podemos reconocer las lecciones que aprendimos durante los capítulos pasados y pasar página. Nuestra vida es una historia, y a medida que exploramos y navegamos la manera en que nos afecta nuestra historia, recordamos el poder que tenemos de forma innata sobre cómo se puede desarrollar de ahora en adelante.

CÓMO SE MANIFIESTAN NUESTRAS HISTORIAS EN NUESTRAS VIDAS

Aunque es posible que las historias que arrastramos hayan empezado en nuestra infancia, pueden seguirnos en todos los aspectos de la vida.

En el principio de nuestra relación, un año antes de hacer la presentación en el seminario de Psicología, mi pareja y yo estábamos sentados en el estacionamiento de un súper cuando empezamos a discutir. Ya oscurecía y yo también me sentía oscura por dentro. La discusión fue una de aquellas que empiezan por nada, pero en un momento se convierten en algo. Apagué el radio y llené el coche de espacio vacío y de monotonía silenciosa, como si quisiera hacer eco al vacío que sentía por dentro. Él intentaba consolarme y yo no cedía. «Me dejarás —le dije—. Me dejarás. No te merezco. Soy un error y ahora también soy tu error».

Esto es algo que repetía a menudo. Hice todo cuanto estaba en mis manos para que él admitiera que me dejaría, porque por dentro llevaba la historia de que yo no era suficiente como para que nadie se quedara a mi lado. Si mi madre biológica no se quedó a mi lado, ¿por qué se iba a quedar él?

Seguí presionándolo y presionándolo, insistiéndole que yo a él no le importaba y que en realidad él no quería estar conmigo. Cada vez que él intentaba decirme que se quedaría, que sí lo merecía, que no era un error (cada vez me contaba una historia diferente), recuerdo sentirme muy frustrada. Yo quería que me confirmaran mi historia a toda costa, incluso si esto me hacía daño.

Finalmente gritó: «Yo no soy tu madre biológica. ¡Yo no te voy a dejar!».

Me hundí.

Sentí como esa frase me calaba en los huesos, aunque nadie antes me la hubiera dicho en voz alta. Ni siquiera yo misma. Llevaba mi historia de no ser nunca suficiente tan arraigada en el núcleo de mi ser que la proyectaba en todas las relaciones que tenía. Y creo que somos muchos los que lo hacemos: generamos una creencia sobre nosotros y luego buscamos pruebas de ello en todas partes. Es la versión más refinada del autosabotaje y, tal y como he confesado antes, no es nuestra culpa. Es todo cuanto sabemos en ese momento.

Esa noche, en el coche, bajé la guardia con mi pareja. Me di cuenta de que estaba sentada junto a alguien que no se creía mi historia. Por dentro tenía la sensación de saber que podía tener razón, aunque otra parte de mí no quería soltar la historia que había estado cargando. No sabía cómo vivir sin mi historia. Solo pensar en hacerlo me aterraba.

Cortamos unas semanas más tarde porque no fui capaz de dejar de proyectar mi historia en nuestra relación. La tenía tan arraigada que ni siquiera la persona a la que más quería pudo desenmarañarla. Pero sus palabras me dejaron huella. Me pasé los siguientes años adentrándome profundamente en la labor de seguir desarraigando la historia que me estaba dañando. En esos años empecé a salir con otra persona, pensando que eso me ahorraría tener que hacer esa labor en mi interior. Estaba tan acostumbrada a utilizar a otra persona para medir mi propio valor que hacerlo sola me parecía imposible. Ya al principio de esa relación, mis patrones reaparecieron: me repetía la misma historia, esta vez con otra persona. Sabía que tenía que comprometerme a realizar el trabajo sola.

Fue un camino doloroso, solitario y repleto de dificultades. Pero si vamos más allá, fue la primera oportunidad que me di para plantearme cómo me seguía afectando mi historia, incluso sin querer admitir que me estaba afectando.

Nuestras historias se entretejen en todos los aspectos de la vida. Dan forma a nuestras reacciones y a nuestras decisiones. Influyen en la manera en que nos tratamos a nosotros mismos y en cómo nos relacionamos con los demás. Nuestras historias son fuerzas que nos guían en la experiencia de ser humanos.

Se manifiestan tanto en formas sutiles como en formas más obvias. Como cargaba con la historia de que no era suficiente, me costó horrores confiar en que la gente quisiera tenerme en su vida. Como mi pareja. Esto era una prueba de que alguien no solo pensaba que sí era suficiente, ¡sino que alguien pensaba que yo era alucinante! Y esa prueba no encajaba con la historia que me repetía una y otra vez.

Durante la temporada que estuve sola, recuerdo que mis amigos me animaban a que saliera con alguien, pero no lo hacía. Nuestra cultura tiene la mentalidad de que las relaciones nos salvarán, nos arreglarán, nos darán todo lo que necesitamos y nos llenarán. La verdad es que, a menos que hagamos ese trabajo interno, una relación solo reflejará el trabajo que aún tenemos que hacer en nuestro interior. Dejé de apoyar mi sanación en cualquier elemento externo a mí y la centré toda en mi interior. Empoderarme así fue escalofriante, incierto e inestable (¿quién era yo para confiar en mí?), pero al final eso fue lo que me permitió reconocer mi propia habilidad para sanarme yo sola.

Dos años más tarde, el camino de mi pareja (el chico que le puso nombre a mi historia en el estacionamiento del súper) y el mío se volvieron a cruzar, pero esta vez no necesité que me demostrara que yo valía la pena. Y tampoco necesité que me curara. Yo estaba sanando sola. Y al final se convirtió en mi marido.

Confirmar nuestras historias

Vemos aquello que buscamos. Vemos aquello que creemos. Cuando buscamos pruebas de algo, consciente o inconscientemente, lo acabamos encontrando. Shauna Shapiro, una profesora universitaria experta en psicología y mindfulness, explica que lo que practicamos crece; esto también se aplica a nuestras historias. Cuanta más practica tenemos creyendo y viviendo basándonos en esas historias, más reales las percibimos.

En psicología, hay un fenómeno llamado *sesgo de confirmación*. Describe la experiencia de encontrar una confirmación de lo que creemos que es verdad. Como yo sentía que no era suficiente, buscaba pruebas constantemente que me demostraran que realmente tenía razón. Era fácil percibirlo todo como una prueba de que yo no era suficiente, no porque no lo fuera, sino porque me creía esa historia con todas mis fuerzas, y cuando creemos algo con todas nuestras fuerzas, hacemos todo cuanto podemos para afirmar esa creencia. Buscar la confirmación de nuestras historias es una manera de validar sistemáticamente la creencia de que son verdad, lo cual hace que sea muy difícil ver las cosas desde otro prisma. Pero en cuanto empiezas, puedes buscar pruebas de lo contrario y dejar margen a la posibilidad de que las historias que te cuentas sean erróneas.

Perpetuar nuestras historias

Cuando nuestras historias se manifiestan las veces suficientes, puede que acabemos representándolas una y otra vez. [Re]creamos lo que nos resulta familiar. Esto es lo que hice con mi pareja en el estacionamiento, y también con mi siguiente pareja. De alguna manera, actuar a partir de las historias que nos contamos es una especie de recreación: reproducir las mismas historias que nos han herido. Y esto no es porque estemos dañados o enfermos, sino porque es lo único que sabemos hacer.

Actuar desde mi historia de no ser nunca suficiente ha dado como resultado que creara amistades en las que mis necesidades no eran tan importantes como las de los demás, minimizara el hecho de compartir mi opinión e ignorara continuamente mis talentos y mis fortalezas. Es difícil de admitirlo o encontrar la predisposición para sincerarse acerca de estos temas. ¿Te suena?

Si te suena, tal vez escuchar la historia de Jasmine te ayudará a entender la tuya.

Jasmine empezó la terapia para entender mejor cómo tenía que aceptarse a sí misma. Conocerla fue un placer: vi rápidamente su bondad, su generosidad y su naturaleza tierna. Pero ella no veía estas cualidades con tanta facilidad. Al explorar su historia, llegamos a entender que tenía la sensación de que debía ser útil constantemente y complacer a los demás para que la quisieran y la aceptaran. Todo ello para poder ser suficiente. Está claro que esto es complicado, porque cuando definimos nuestro sentido del yo con lo que hacemos por los demás, acabamos olvidando nuestro poder. Permitimos que el resto del mundo controle lo que pensamos de nosotros mismos.

Un día Jasmine me contó algo que le pasó al darle su apoyo a una amiga. Esta amiga estaba en medio de una ruptura devastadora. Jasmine no estaba pasando por el mejor momento de su vida, tenía mucho estrés a causa de una entrevista que le tenían que hacer para ascender en su trabajo y estaba preocupada por cómo sería capaz de mantener económicamente a su familia si no le salía bien la jugada. Pero, a pesar de estar agotada, ofreció su apoyo emocional a su amiga de todas formas. Jasmine pidió una *pizza* por teléfono y buscó cuál podía ser la serie perfecta para maratonear en Netflix, luego se sentó en el sillón con su amiga, que se lamentaba por los problemas de su relación. Y aunque Jasmine tenía su entrevista al día siguiente, se quedó mucho más rato del que tenía previsto. Ignoró sus propias necesidades para apoyar a su amiga, aunque en realidad sabía que no tendría que haberlo hecho. Tenía la sensación de que tenía que decir que sí, siempre, incondicionalmente.

—¿Cómo te sientes después de ayudar a tu amiga? —le pregunté a Jasmine.

—Me siento bien al principio, pero luego me pregunto: «¿Pero qué me pasa?» y me planteo por qué nadie me apoya a mí de la misma forma.

—Noto un poco de resentimiento. Tengo la sensación de que te planteas por qué no recibes lo que das. ¿Es así? —le planteé.

—Así es. Hago muchísimo por los demás y nadie parece querer hacer lo mismo por mí. Me hace sentir que no les gusto o que no me valoran. Reiteran la idea de que solo valgo si priorizo a los demás e ignoro mis propias necesidades.

—Lo que acabas de decir es muy interesante, Jasmine. Parece que sabes que mostrarte así acaba haciendo que sientas que no vales la pena y, sin embargo, es como te sigues mostrando ante los demás. ¿Te das cuenta de que tal vez seas tú la que está reiterando tu propia historia de no valer la pena a menos que ayudes a los demás? ¿Podemos indagar más sobre eso?

Actuar basándonos en nuestras historias puede tener muchas caras. Aquí tienes algunos ejemplos:

- Tener una historia que te dice que tus necesidades no importan y evitar sistemáticamente satisfacer tus propias necesidades.

- Tener una historia que te dice que no perteneces a ninguna parte y evitar abrirte al mundo de forma sistemática.

- Tener una historia que te dice que no te mereces el amor y buscar sistemáticamente relaciones nocivas.

- Tener una historia que te dice que no eres capaz y evitar intentar todo de forma sistemática.

- Tener una historia que te dice que deberías priorizar a los demás antes que a ti mismo y minimizar sistemáticamente tu propio cuidado.

- Tener una historia que te dice que el mundo no es seguro y evitar los riesgos, las nuevas experiencias o la vulnerabilidad.

Se quedó viendo la planta que había en la esquina de mi consultorio, un lugar al que miraba a menudo cuando estaba pensando o necesitaba un momento para digerir mejor algo que se había dicho:

—Soy yo la que se expone a los demás de formas que no serían necesarias y luego asumo automáticamente que los demás no hacen lo mismo por mí porque no lo merezco. Es como si quisiera confirmar mi propia historia —respondió—. Soy yo la única que intenta demostrar que no valgo la pena.

—El hecho de que puedas verlo supone un nivel de consciencia propia elevadísimo —le dije—. Sé que es muy complicado enfrentarse a estas historias. ¿Cómo te sientes al compartirlo conmigo?

Yo siempre intento no acelerar el proceso de desvelar estas exploraciones con mis pacientes. Es muy fácil ir demasiado rápido y asustarnos antes de llegar a los lugares más complicados.

—Me siento triste —contestó y me volvió a mirar—. Y aliviada. Creo que empieza a cobrar sentido el hecho de que lo dé siempre todo por los demás. Porque esto es lo que creo que me hace tener valor, así que esta acaba siendo mi prioridad.

—Sí —le dije—. Y porque no encontramos nuestro valor fuera de nuestro ser, nos sentimos siempre insatisfechos y tenemos la sensación de que no valemos lo suficiente. No es culpa tuya.

Con esta exploración, Jasmine y yo empezamos a desvelar lentamente su historia de sentir que vale solo cuando da a los demás. Pudimos trazar el origen de su historia hasta llegar a su infancia. Jasmine es la mayor de cuatro hermanos. Tanto su padre como su madre trabajaban cuando era pequeña, lo cual significaba que cuidaba a sus hermanos y hermanas pequeños. Jasmine aprendió rápidamente que la única manera de recibir atención positiva era cuando ignoraba sus necesidades y hacía lo que los otros necesitaban que hiciera. «Buena niña», le decían. Y recibió la confirmación de que no podía tener necesidades propias si quería que reconocieran su valor.

A Jasmine la *adultificaron* mucho, es decir, le hicieron desempeñar papeles en los que tenía que adoptar más responsabilidades de las que un niño o una niña debería a una edad temprana. A causa de esa responsabilidad, Jasmine creció rápidamente desempeñando el papel de ayudante. Y la recompensaban por encajar así en su sistema familiar. Ya te puedes imaginar lo fácilmente que este papel generó la historia que Jasmine arrastraría hasta su vida adulta: para ser valorada, tenía que ser útil. Por supuesto que se forjó esta historia... Surgió de la historia de su familia, que se convirtió en su historia.

Jasmine continuó buscando relaciones y espacios en los cuales pudiera ayudar. Se hizo voluntaria en un programa de alfabetización, a pesar de estar agotada a causa del trabajo. Forjaba amistades con personas que se aprovechaban de su bondad y en contadas ocasiones le preguntaban cómo estaba. Aceptaba tareas en el trabajo que no estaban incluidas en la descripción de su puesto y por las cuales no le pagaban, como convocar reuniones mensuales de equipo y organizar la fiesta anual de Navidad. Las decisiones de Jasmine perpetuaban la creencia de que solo tenía valor cuando ayudaba, así que continuó creando situaciones en las que su valor dependía de su buena voluntad para ayudar.

Pero, profundizando un poco más, Jasmine pudo reconocer de dónde salían estas creencias y por qué tenían sentido. Ese fue el inicio de su proceso para escribir una nueva historia de sí misma.

SER CONSCIENTES DE NUESTRAS HISTORIAS

Confirmamos, perpetuamos y vivimos estas historias perjudiciales sin ser conscientes de que lo estamos haciendo. Por eso, ser conscientes de nuestras historias es complejo y poderoso a la vez.

Emprender la labor de curar un dolor antiguo no es fácil para nadie. A veces priorizamos la comodidad por encima del cambio, a pesar de que el cambio nos aportaría más satisfacción. Nuestro cuerpo anhela la invariabilidad. Cambiar es incierto, incluso intimidante; nuestro cuerpo quiere que todo siga igual y nos alerta cuando intentamos pensar, decir o hacer algo distinto. Por ejemplo, si queremos empezar una nueva rutina, puede que a nuestro cuerpo le cueste. Si queremos empezar a escribir un diario, puede que nuestro cuerpo se resista a hacerlo. Si queremos iniciar la práctica de hablarnos a nosotros mismos de una forma nueva, puede que nuestro cuerpo vuelva de forma automática a las viejas costumbres. A nuestros cuerpos les gustan los hábitos, aquello a lo que estamos acostumbrados. En el proceso de desarrollar resistencia muscular, intentar algo nuevo parece extremadamente incómodo e incluso doloroso. Hasta puede que sientas que estás haciendo algo mal por lo muy incómodo que es. Pero, con el tiempo, la incomodidad cede y tus músculos se tonifican con el trabajo que has estado haciendo. Algo parecido es lo que le pasa a tu mente. Puede que sin ser conscientes de ello, volvamos a las historias que nos hieren, incluso si no lo queremos conscientemente.

Yo me acomodé tanto viviendo una historia de no ser nunca suficiente que cualquier cuestión me parecía imposible. Cuando mi pareja mencionó que él no era mi madre biológica, vislumbré por primera vez lo que estaba pasando a través de un prisma nuevo. Ese pequeño destello de luz contenía una posibilidad. Con la esperanza de ofrecerte el mismo destello de luz, te invito a participar en esta meditación guiada. Siéntate, respira y conecta con tu interior.

A medida que te pongas cómodo, te invito a que empieces a conectar con tu cuerpo en ese momento. ¿Hay alguna tensión o tirantez en tu cuerpo? ¿Se está relajando? ¿Está neutro? Nótalo. No tienes que juzgarte ni cuestionarte. Solo notarlo.

Mientras observas tu cuerpo en este momento presente, respira en las partes que puedas sentir tensas. Envía tu energía hacia esas partes con ternura. Permite que esas partes se relajen, si pueden. Si no pueden, nótalo también.

Cuando estés a punto, piensa en una historia que te cuentes a menudo. Una historia que te repitas cuando todo va mal, o cuando se complica o cuando te cuestionas quién eres. Una historia que escuchaste una y otra vez en tu infancia.

Fíjate en lo que te surge por dentro cuando te repites esta historia. Fíjate en las sensaciones que chisporrotean, las emociones que nacen y los sentimientos asociados a la historia. Presta atención a la historia que te cuentas sobre esa historia, si te juzgas, si te criticas, si dudas, si te cuestionas, si quieres echar a correr. Nótalo todo. Piensa que todo está bien.

¿Cuándo fue la primera vez que recuerdas contarte esta historia? ¿Dónde? ¿De quién la aprendiste?

Según esta historia, ¿quién tenías la sensación que tenías que ser? ¿Cómo se empezó a manifestar esta historia en tu vida? ¿Qué creencia se esconde detrás de esta historia?

Retén la historia en la cabeza e imagínala flotando. Imagínate soltándola. Fíjate en la sensación de ver cómo abandona tu cuerpo. De ver cómo se mueve, fuera de ti. Nota qué sensaciones cambian o si no cambia nada. Simplemente, nótalo.

¿Qué historias podrían querer salir? ¿Qué historias te están pidiendo que las liberes? ¿Qué historias te están pidiendo que las sustituyas? ¿Qué te viene a la mente cuando piensas en soltarlas y sustituirlas?

Cuando experimentes lo que se siente cuando tomas una historia y ves cómo se va, te animo a que seas compasivo contigo para reconocer la fortaleza que se necesita para permitir que empiece este proceso. Eres muy valiente. Tienes mucho coraje. Tienes mucha bondad.

LOS TEMAS QUE REVELAN NUESTRAS HISTORIAS

A menudo no vemos las historias en las que vivimos. Y es muy comprensible; es casi imposible ser testigos de lo que hacemos mientras estamos metidos en una vivencia. Pero con perspectiva y con curiosidad, podemos empezar a identificar temas (pensamientos, creencias y comportamientos que emergen una y otra vez) que pueden ayudarnos a ser conscientes de nuestra historia. En este apartado hice una lista de algunos temas que quizá aparezcan en tu vida. Estos temas son respuestas a las creencias que tenemos sobre nosotros. Considéralos expresiones externas de las historias que acarreamos.

Puede que algunos temas te toquen muy de cerca y que otros no los veas tan claros. Te animo a integrar lo que sientas que encaja con tus propias experiencias y a tener en cuenta la información proporcionada. Fíjate en lo que te viene a la cabeza mientras sigues leyendo y utiliza las preguntas para reflexionar como desencadenantes cuando escribas en tu diario, como puntos de conversación con algún ser querido o simplemente como pensamientos que sopesar tranquilamente durante un paseo o con una taza de té.

Crítico interior: la voz que te dice que nunca serás suficiente
El crítico interior… Todos tenemos uno, que normalmente es muy maleducado y parece manifestarse cuando desearíamos que desa-

pareciera. El crítico interior es la voz que llevas dentro y que suelta sin pensar diferentes motivos por los que no eres suficiente tal y como eres. Es la voz que te recuerda todos y cada uno de los fracasos que has vivido y enumera todas las pruebas según las cuales deberías permanecer en silencio, pasar desapercibido y conformarte. Como si toda esa crítica nos ayudara a cambiar para convertirnos en mejores versiones de nosotros mismos.

Irónicamente, nuestro crítico interior comparece a menudo cuando queremos crecer. Es un experto en asomar la cabeza durante los momentos en los que en realidad necesitamos apoyo o ánimos. En el trabajo, puede decirnos que somos holgazanes o incompetentes. En las relaciones, puede asegurarnos que no merecemos que nos quieran. Al probar algo nuevo, puede que nos grite que ni nos molestemos en intentarlo, porque fracasaremos igualmente. En cada esquina, parece que nuestro crítico interior tenga algo que decir que evita que nos manifestemos en la vida con todo nuestro ser.

Nuestro crítico interior nos afecta más allá de cómo nos sentimos en un momento determinado; afecta a nuestro bienestar general. De hecho, las investigaciones han encontrado una estrecha correlación entre nuestra voz interior negativa (el crítico interior) y la depresión, la ansiedad, los trastornos alimentarios y la baja autoestima, entre otras patologías. Si lo piensas, tiene mucho sentido: es difícil sentirse seguro de uno mismo cuando tienes a alguien (a ti mismo) diciéndote constantemente que hay algo malo en ti. Cuando no eres consciente de tu voz interior, de tu crítico interior, ese «algo malo» se convierte en un hecho, cuando en realidad era solamente un pensamiento fugaz.

Mi crítico interior, en algunas ocasiones, había utilizado mi historia en mi contra. Me recuerda que me abandonaron, que no soy importante y que nunca estaré a la altura de las circunstancias. Ha provocado que me planteara si encajo o no. Hasta que no me di cuenta de que tenía un crítico interior no fui capaz de empezar a utilizar algunas de las herramientas que compartiré contigo más adelante, en este libro, para separarlo de mí, darme cuenta de su presencia y atenderlo. Ahora que soy consciente de que existe, veo con qué frecuencia me habla cuando me aparto de la antigua historia (probando algo nuevo, compartiendo mi verdad y escribiendo este libro). Y entonces puedo ver que mi crítico interior no soy yo.

Si paras y piensas en los pensamientos críticos repetitivos que tienes, puede que encuentres puntos en común. ¿Están vinculados de alguna forma? ¿Aparecen como respuesta a ciertos desencadenantes? Yo exploro regularmente estas preguntas con mis pacientes.

Preguntas para reflexionar:
- ¿De qué intenta convencerte más a menudo tu crítico interior?
- ¿Cuándo suele aparecer?
- Si tuviera cara y nombre, ¿cómo lo llamarías y cómo lo describirías?
- ¿Tu crítico interior te recuerda mensajes que has oído en el pasado?
- ¿En qué aspectos tu crítico interior evita que muestres tu yo completo al mundo?
- ¿Qué se te ocurre cuando piensas en tu crítico interior?

Al principio, cuando empezamos a darnos cuenta de la presencia de nuestro crítico interior, nos podemos sentir abrumados, así que ten tacto contigo después de leer este apartado.

PERFECCIONISMO: LA CREENCIA DE QUE SI LO HACES TODO PERFECTO, AL FIN SERÁS SUFICIENTE

El perfeccionismo se basa en la creencia de que si actuamos de forma perfecta, tenemos un aspecto perfecto, alcanzamos la perfección y escribimos perfectamente, al fin seremos suficiente. El problema con el perfeccionismo es que ni siquiera es posible, lo cual nos deja constantemente anhelando algo que nunca pasará... Y esto, inevitablemente, hace que nos resulte imposible sentir que somos suficiente.

El perfeccionismo nos saca del momento presente y nos retiene en un estado constante de esforzarnos por algo. Es agotador. Es doloroso. Y —esto cabe repetirlo— ser perfecto no es posible, con lo que es aún más frustrante.

Si de pequeño te enseñaron que se esperaba la perfección de ti (aquí te pongo algunos ejemplos comunes: que las calificaciones en la escuela fueran un indicador de lo que valías, que no te dieran suficiente cariño si cometías un error, que te obligaran a adoptar responsabilidades por tu familia, o que te criticaran o menospreciaran), seguramente aprendiste hábitos perfeccionistas. Y lo que es más, todos hemos estado expuestos a una cultura de perfeccionismo que es el resultado de vivir en una sociedad patriarcal, donde predomina la supremacía blanca y capitalista. Kenneth Jones y Tema Okun han difundido las maneras en las que el perfeccionismo es un síntoma de la supremacía blanca, y visto desde este prisma, nos permite percatarnos de cómo el sistema en el que vivimos tiene un impacto en nuestro mundo interior. En los sistemas que perpetúan el esfuerzo continuado para lograr más, más grande y mejor, la búsqueda de la perfección nos arrebata el poder. Por ejemplo, hallamos perfeccionismo en la manera en que a las mujeres se les vende una imagen (a menudo para que sigan comprando productos). El resultado de esta creencia se puede observar, por ejemplo, en la vergüenza de tener imperfecciones naturales en el rostro, la creencia de que la celulitis es mala o la idea de que tenemos que tener el aspecto de la mujer «ideal» que se enseña en los medios de comunicación. El ideal de perfección nos viene impuesto desde el exterior y lo interiorizamos rápidamente, como si fuera un problema personal en vez de un problema del sistema. Como respuesta, puede que hayas creado la historia de que, para que te quieran, tienes que acercarte al máximo a la perfección. A mí me pasó cuando apenas iba en primaria.

En el kínder, era la que leía más rápido de la clase. Esta distinción era muy importante para mí. Sabiendo que era adoptada, tenía mucho miedo de que me «devolvieran» si no hacía todo bien; esto me atemorizó incluso a los seis años. Cuando otro alumno empezó a leer tan rápido como yo, la ansiedad me subió hasta las nubes. Empecé a tener dolores de estómago. Me hicieron las pruebas para ver si era intolerante a la lactosa, pero al final mi profesora le dijo a mi mamá que sabía cuál era el verdadero problema: que yo estaba preocupada. Así es como se empezó a manifestar el perfeccionismo en mi propia vida. Entender cómo mi historia influyó en esas vivencias y en todas las que vendrían a continuación fue crucial para empezar a sanar.

Cuando observes tus propias historias y experiencias, empieza escudriñando y viendo cómo se ha desarrollado el perfeccionismo en tu vida. El perfeccionismo, para mí, era una manera de enmascarar mi historia de no ser nunca suficiente. Si tienes tendencias perfeccionistas, ¿qué historia puedes estar intentando enmascarar?

Preguntas para reflexionar:
- ¿Cómo se ha manifestado el perfeccionismo en tu vida?
- ¿Te has tenido que enfrentar al perfeccionismo (o lo sigues viviendo)?
- ¿De dónde sale tu historia de tener que alcanzar la perfección?
- ¿Qué has evitado realizar por miedo a no hacerlo perfecto?
- ¿Qué pensamientos, sentimientos o sensaciones te surgen cuando piensas en el perfeccionismo?
- ¿De qué manera te impacta el perfeccionismo en lo que piensas de ti?

Tener la sensación de no encajar:
la necesidad de esconder partes de ti para ser suficiente
Todos queremos encajar. Y todos encajamos *de forma innata*. Por el simple hecho de ser humanos, pertenecemos a «aquí». Todos estamos predestinados a estar aquí y todos estamos conectados con todos. Yo estoy totalmente convencida de que el sentimiento de pertenencia no es algo que te tengas que ganar; lo llevamos todos dentro. Pero muchas personas crecen sintiendo que no encajan en su propia familia o comunidad. Puede que reciban mensajes de que tienen que obedecer para poder pertenecer a ellas, que dicha pertenencia es condicional. Puede que, en tu caso, aquellos que te rodean hayan despreciado partes de ti. Puede que hayas sufrido acoso escolar, que te hayan criticado o que hayan negado esas partes de ti. Esta experiencia tan dolorosa refuerza la creencia de que en realidad no encajas. Cuando no nos sentimos a salvo siendo nosotros mismos en un lugar, el mundo entero puede convertirse en un lugar hostil: es difícil abrirse al mundo, expresar nuestra realidad o que nos vean tal y como somos.

Las consecuencias pueden ser devastadoras. Y lo vemos por todas partes en nuestra cultura: en el hecho de que las personas del colectivo LGTBIAQ tengan un mayor riesgo de suicidarse, en el hecho de que las poblaciones indígenas tengan mayores tasas de alcoholismo y en el hecho de que los crecientes índices de depresión y ansiedad estén a menudo asociados a la soledad y el aislamiento. Cuando sientes que no perteneces a ninguna parte (o, lo que es peor, si una cultura más amplia es lo que te hace sentir así), puede parecerte imposible reconocer cuánto que vales.

Para las personas adoptadas, los sentimientos de no pertenecer son algo común que nuestra cultura perpetúa. Muchos de mis pacientes vienen de entornos, familias o culturas que les han transmitido el mensaje de que no pertenecen a ellos. Y como normalmente no nos han enseñado a ver nuestras vivencias con un prisma distinto, la terapia puede ser el primer lugar en el que los pacientes examinen esas creencias de que no pertenecen a ninguna parte. Darles el espacio para que las exploren es algo muy poderoso: de dónde vienen, cómo se han desarrollado y en qué aspectos los retienen. Ayudar a la gente a dar este paso es fundamental para guiarla en el camino de modificar esa creencia y encontrar el apoyo que necesita en los lugares y entornos a los que sí pertenece y en los que siempre ha encajado. Esto también puede derivar en que se generen grandes vínculos de comunidad, tal y como se ha visto en grupos de apoyo o en organizaciones que congregan a la gente a raíz de experiencias o causas comunes y que fomentan, de forma natural, una sensación de pertenencia.

Fíjate en qué situaciones te planteas si encajas o no. El lugar que duele (si metes el dedo en la llaga) es a menudo el lugar que esconde una vieja historia.

Preguntas para reflexionar:
- ¿Te planteas si encajas o no?
- ¿Cuándo fue la primera vez que sentiste que no encajabas?
- ¿Qué mensajes recibiste que reforzaron esta creencia?
- ¿Adónde sientes que perteneces en mayor medida? ¿A qué entornos? ¿Con qué personas? ¿Con qué tipo de actividades? ¿En qué espacios?
- ¿La sensación de que no perteneces tiene un impacto sobre lo que piensas de ti?
- ¿Qué significa encajar para ti? ¿Cómo sabes cuándo encajas?

Dificultades en las relaciones: la creencia de que nunca serás
suficiente para nadie
Desde el inicio de los tiempos, hemos estado programados para conectar. Los humanos lo necesitamos no solo para sobrevivir sino también para prosperar. Desde el momento en el que nacemos, necesitamos la conexión para crecer y aprender. Aprendemos a co-

municarnos a través de la conexión. Satisfacemos nuestras necesidades gracias a la conexión. Obtenemos seguridad a través de la conexión. Establecemos un sentido de identidad gracias a la conexión. La conexión con los demás es un elemento fundamental para estar vivos. El estudio del apego lo demuestra.

Cuando se nos corta la conexión a una edad temprana, sea por el motivo que sea (abandono, abuso, desatención, trauma intergeneracional, etcétera) cambia nuestra forma de actuar en las relaciones. Puede que dejemos de lado nuestras necesidades para poder acercarnos más a la relación. O puede que no nos fiemos de los demás y rechacemos el acercamiento. Puede que dudemos a la hora de establecer amistades o relaciones porque «todo el mundo se acaba yendo». Puede que saboteemos relaciones sanas. Puede incluso que creamos que tenemos que enfrentarnos a ello completamente solos.

Esto puede derivar en que algunas personas carguen con determinadas historias sobre relaciones. Si cargamos con una historia que dice que las relaciones no acaban bien, eso es justamente lo que manifestamos. Si arrastramos una historia que dice que no nos merecemos que nos quieran por ser quienes somos, eso es justamente lo que manifestamos. Si cargamos con una historia que dice que todo el mundo se irá, eso es justamente lo que manifestamos. No es nuestra culpa, pero cuando no somos conscientes de nuestra historia acerca de lo que significa estar conectado con los demás, no podemos encontrar las conexiones significativas que nos merecemos.

Mi historia afectaba a la manera en que me comportaba con mi pareja, a la cantidad de amor que me permitía recibir de su parte y hasta a mi nivel de confianza en él. En cuanto fui consciente del cómo y del porqué, fui capaz de empezar a modificar esas dinámicas para crear maneras más sanas de conectar.

Lo veo con pacientes que desarrollan patrones familiares con sus parejas y amigos, o incluso que llegan a cortar con las conexiones.

En cuanto nos damos cuenta y prestamos atención a nuestros patrones en las relaciones, podemos empezar a soltar aquello que nos evita que tengamos conexiones genuinas y verdaderas con los demás. Los patrones que se desarrollan en nuestras relaciones pueden señalarnos las historias de las que nacieron dichos patrones.

Preguntas para reflexionar:
- ¿Sientes que hay naturalidad en tus relaciones o te cuesta establecerlas?
- ¿Cómo afectan las historias que arrastras a tus relaciones?
- ¿Qué relaciones del pasado o del presente han aportado información a cómo te ves?
- ¿Qué has aprendido de tus relaciones, ya sean parentales, de amistad o amorosas?
- ¿Notas que hay patrones que se repiten en las diferentes relaciones que tienes?

Complacer a los demás: la necesidad de ser lo que otra persona quiere que seas para poder ser suficiente

Para mí, complacer a los demás es un patrón que consiste en minimizar tus propias necesidades por el bien de los demás, normalmente con el deseo de gustar a los otros. La parte más desconcertante es que aunque parezca que esta actitud se centra en los demás, en realidad gira en torno a nosotros mismos, de que sintamos que tenemos que ignorar nuestras necesidades para que nos quieran. Priorizar a los demás es una manera de sentir que tenemos el control de cómo esa gente nos percibe. Cuando no nos gusta lo que pensamos de nosotros, esos comentarios pueden llevarnos al éxito o al fracaso. Cuando tenemos que asegurarnos de que todo el mundo está bien para poder sentirnos bien, nuestro sentido del yo queda totalmente condicionado a si gustamos a los demás o no. Esto crea una base desequilibrada en la que apoyarse, y aún peor, desde la que crecer.

Complacer a los demás es una actitud que aparece en todos los aspectos de la vida, incluso en terapia. Yo misma he presenciado cómo muchos pacientes vacilaban a la hora de ser totalmente sinceros conmigo (y yo lo he hecho también con mis propios médicos). Pueden dejar de explicar lo que realmente les está pasando para intentar asegurarse de que el terapeuta está cómodo o para intentar gestionar cómo se los percibe, porque están muy acostumbrados a hacerlo en su vida cotidiana. Cuando señalo este comportamiento a mis pacientes, siempre tienen una reacción interesante, porque el reconocimiento tiende a hacerles sentir avergonzados y ratificados a la vez (pueden sentir que se les ha sorprendido haciendo algo y, a la vez, que por fin los ven como son de verdad). Yo, en numerosas ocasiones, he escondido detalles o no he sido completamente honesta acerca de determinados sentimientos o comportamientos por miedo a no complacer a los demás. El problema de hacerlo es que nunca nos podemos sentir totalmente aceptados por quienes somos si mostramos una versión falsa de nosotros a los demás.

Aunque la actitud de complacer a los demás pueda parecer manipuladora, muchas personas no han aprendido a manifestarse de otra forma en sus relaciones. Puede que vieran a sus propios padres abandonándose para complacer a los demás, o que hayan visto a personas de su alrededor preparando una versión más satisfactoria de sí mismas. No es culpa nuestra que aprendamos a hacerlo y, con conocimiento, podemos modificarlo. Si reconocemos que solemos complacer a los demás, podemos elegir basarnos en lo que pensamos de nosotros en vez de basarnos en cómo nos perciben los demás, para recordar que, tal y como somos, somos suficientes.

Preguntas para reflexionar:
- ¿Cómo es tu relación con la actitud de complacer a los demás?

- ¿En qué entornos sueles mostrar estos comportamientos más a menudo? ¿Y menos a menudo?
- ¿Hasta qué punto complacer a los demás dificulta que te muestres de forma honesta?
- ¿Qué mensajes quizás hayas interiorizado, relacionados con complacer a los demás antes que a ti?
- El hecho de complacer a los demás, ¿cómo afecta a tu vida cotidiana y cómo afecta a tu sentido del yo?
- Cuando te imaginas abandonando la prioridad de intentar complacer a los demás, ¿qué sentimientos aparecen?

Vergüenza intensificada: la sensación de que nunca serás suficiente, pase lo que pase

La vergüenza es el resultado de una creencia muy arraigada de que hay algo dentro de nosotros que no funciona; de que somos malos. Es incluso más profunda que la culpa. La culpa se basa en acontecimientos externos, en haber hecho algo malo. La vergüenza se basa en creencias internas, en sentir que dentro de nosotros hay algo que no funciona.

La vergüenza se interioriza a menudo a partir de lo que te dicen los demás o cómo te tratan. He aquí algunos ejemplos de cómo se manifiesta la vergüenza: si de pequeño te sentías triste y te decían que no te tenías que sentir así, en vez de apoyarte y escucharte, seguramente interiorizaste que no es correcto estar triste. Si sabías que formabas parte del colectivo LGTBIAQ, pero te decían que eso estaba mal, seguramente interiorizaste que no es correcto formar parte de ese colectivo. La vergüenza es el núcleo de gran parte de nuestro dolor.

La vergüenza lucha constantemente con nuestra sensación de valía, y no le gusta perder. Y lo que es peor es que a menudo nos dicen que ignoremos la vergüenza por completo, que nos la traguemos, que levantemos la cabeza, que sigamos adelante. Y de alguna manera, esto puede ayudar; pero desde otra perspectiva, nos niega la oportunidad de superarla.

Cuando cargamos con la vergüenza, también cargamos con los muros que construimos para evitar que los demás la vean. Pero esos muros evitan que los otros perciban nuestra totalidad. Evitar que nos vean de verdad puede derivar en una tendencia a permanecer en silencio y a empequeñecer, o a evitar expresarse o aislarse. La vergüenza puede mostrarse en falta de autoestima, depresión, soledad y una gran sensación de incompetencia. Brené Brown, que ha llevado a cabo una extensa investigación acerca de la vergüenza, comparte mucha información sobre sus implicaciones y cómo se infiltra en nuestras vidas y en nosotros.

Yo soy testigo de lo dominante que puede ser la vergüenza en los demás y en mí. A menudo es la labor más complicada que hacen los pacientes en terapia, porque se tienen que adentrar profundamente en las partes más recónditas de su ser. La vergüenza indica que puede que te estés contando una historia que dice que hay algo en ti que no funciona, lo cual es increíblemente doloroso. Pero en cuanto nos damos cuenta de las maneras en las que se manifiesta la vergüenza, también empezamos a ver el modo de tomarla en consideración: empezamos a entender que lo que está mal son nuestras historias, no nosotros.

Preguntas para reflexionar:
- ¿Cómo se manifiesta la vergüenza en tu vida?
- ¿Cómo impacta el hecho de entender de dónde viene tu historia en cómo te sientes respecto a tu propia vergüenza?
- ¿Qué te hace sentir la vergüenza en el cuerpo? ¿La notas físicamente? ¿Emocionalmente?
- ¿Qué mensajes reafirman tus sentimientos y experiencias de vergüenza?
- ¿Cómo respondes cuando sientes vergüenza?
- De pequeño, ¿te hicieron sentir avergonzado por ser quien eras?

Un amable recordatorio: haz una pausa. Respira. Nota lo que sientes física y emocionalmente. ¿Qué sensaciones tienes dentro? ¿Dónde hay tensión? Otorga especial cariño a esas partes de ti en este momento. Te invito a ser muy amable contigo cuando pienses en cómo aparecen estos temas en tu propia vida. Permitirte hacer este trabajo y profundizar para entenderte es admirable y demuestra mucha valentía y coraje. Eres increíble.

Vamos, sigamos.

Baja autoestima: la sensación de que no puedes confiar en ti
de ninguna manera porque no eres suficiente

La baja autoestima, o la inseguridad, es el hecho de cuestionarte sistemáticamente tus propias habilidades. Es la vacilación a la hora de confiar en ti, de creer en ti y de mostrarte apoyo a ti mismo. En pocas palabras, es la falta de confianza en uno mismo. Cuesta confiar en ti cuando crees que tus instintos o que tu juicio son deficientes, si consideras que eres insuficiente.

A menudo, la baja autoestima nace de las críticas, de las burlas o de las dudas conferidas por los demás a lo largo de la infancia. Si nos interesaba algo que no gustaba a las personas que nos criaron, puede que ahora nos cuestionemos si nuestros intereses son buenos. Si expresábamos nuestros sentimientos mientras nuestra familia no mostraba los suyos, puede que ahora nos planteemos si tal vez está mal exteriorizar los sentimientos. Si se reían de nosotros por nuestro aspecto, puede que ahora dudemos de nuestra capacidad de confiar en nuestro sentido del estilo. Cuando tenemos creencias, opiniones o valores distintos a los de los demás y no hay espacio para ellos, puede que interioricemos esa experiencia y empecemos a cuestionar aquellas creencias, opiniones y valores que defendíamos. De una forma parecida, cuando nadie escucha o reconoce nuestras opiniones o creencias, puede que acabemos pensando que no son correctas, lo cual hace que sea difícil confiar en nuestra propia intuición.

La baja autoestima, o la inseguridad, se manifiesta de varias formas. Puede que estemos constantemente verificando algo antes de tomar una decisión. Puede que dejemos que la incertidumbre nos impida hacer aquello que realmente queríamos probar. Puede que nos cuestionemos a nosotros mismos en repetidas ocasiones, a menudo hasta llegar a la disfuncionalidad. Incluso puede que nos cueste defender con firmeza nuestras propias creencias o alzar la voz para defendernos a nosotros y a aquellos que nos rodean.

Debajo de la baja autoestima se esconde el miedo: miedo al fracaso, miedo a que piensen mal de ti, miedo a decepcionar a los demás, miedo a tomar la decisión equivocada…, miedo a prácticamente todo. El problema es que la baja autoestima hace que sea imposible avanzar con miedo, en vez de sentir miedo y actuar de todas formas.

A menudo, la baja autoestima nos sorprende cuando salimos de nuestra zona de confort, haciéndonos volver y, consecuentemente, haciendo que sea difícil partir hacia nuevas direcciones. Por eso es tan importante reconocer cuándo nos empezamos a cuestionar a nosotros mismos: esta percepción nos permite vernos con distancia y nos puede ofrecer una nueva perspectiva de una historia que ya no nos sirve.

Preguntas para reflexionar:
- ¿En qué momentos de tu vida te cuestionas más?
- ¿Cómo ha evolucionado con el tiempo tu historia de baja autoestima?
- ¿Qué partes de ti te cuestionas más a menudo?
- ¿La baja autoestima te dificulta confiar en tus decisiones o pasar a la acción?
- A lo largo de tu infancia, ¿qué mensajes recibiste acerca de la baja autoestima?

El síndrome del impostor: la sensación de que todo el mundo verá que no eres suficiente

¿Alguna vez has pensado «Conseguí este logro de chiripa» o «Todo el mundo se merece esto más que yo»? Estos pensamientos son a menudo el resultado del síndrome del impostor (apunte: no es realmente un síndrome, simplemente esta es la terminología común para designarlo). El síndrome del impostor nace de la creencia de que de alguna forma estás engañando a todo el mundo para que piense que mereces algo que en realidad no mereces. Normalmente, también va de la mano de una preocupación persistente de que te «descubrirán» o «se darán cuenta» de que eres un farsante. Cuando se experimenta el síndrome del impostor, te sientes tal y como indica el nombre: como un impostor.

El síndrome del impostor hace que sea difícil mostrarse por completo en cualquier lugar, que seas tal y como eres, ya sea en la escuela, en el trabajo o incluso en tus relaciones. Siempre estás pensando: «¡No merezco estar aquí!».

El síndrome del impostor también hace que te cueste valorar tu éxito, tus fortalezas y talentos. Así que puede que evites compartir las buenas noticias con los demás, que minimices tus logros y que te cuestiones si estás capacitado o no para hacer lo que haces (¡cuando, en realidad, normalmente, estarás más que capacitado!). Cuando lo sientes a menudo, básicamente te impides avanzar a toda vela hacia tus sueños, lo cual puede amplificar sus efectos.

Ser conscientes de cuando experimentamos el síndrome del impostor puede ser duro, porque quizá no nos demos cuenta de que lo estamos arrastrando hasta que bajamos suficientemente el ritmo como para prestarle atención y reconocerlo. Yo me he familiarizado bastante con este patrón a medida que iba escribiendo este libro; por suerte, soy consciente de él y puedo tomar distancia un poco más fácilmente que antes. Cuando vemos el síndrome del impostor como un síntoma de nuestra historia, poco a poco nos damos cuenta de que cuando llegamos a la conclusión de que somos suficiente tal y como somos, también sabemos que nos merecemos ser quienes somos.

Preguntas para reflexionar:
- ¿Hay algunos ámbitos de tu vida en los que te sientas un impostor?
- En tu vida diaria, ¿cuándo aparece el síndrome del impostor?
- ¿Alguna vez te han dicho que no te merecías estar donde estabas?
- ¿Cómo te reprime el síndrome del impostor?
- ¿Cuándo lo sientes más presente, y cómo respondes normalmente?

Ahora que ya hemos explorado algunas maneras en las que se manifiestan nuestras historias en nuestra vida diaria, te invito a volver a respirar profundamente. Estos temas pueden ser intensos. Si te cuesta, piensa que no estás solo; si te sientes revitalizado o motivado, no estás solo. Está bien que te tomes tu tiempo, está bien que investigues más y está bien no estar seguro de qué hacer a continuación. Y también está bien que aún no entiendas qué tiene que ver todo esto contigo.

Te animo a seguir explorando por tu cuenta cómo se vinculan estos temas contigo de manera que te hagan sentir bien. ¿Eres de los que procesan la información escribiendo? ¡Genial! Saca tu diario y explora lo que te ha sugerido este capítulo. ¿Eres de los que prefieren hablar? ¡Maravilloso! Queda con alguien en quien confíes y hablad acerca de lo que has notado en ti mientras leías esto. ¿Eres un artista? ¡Fantástico! Crea algo que vaya en la línea de lo que has experimentado mientras explorabas estos temas.

No hay ningún camino equivocado para procesar todo esto, no hay ninguna manera errónea de explorar, y no hay ninguna manera equivocada de expresarse. Lo importante es permitirte hacerlo.

Aquí tienes algunas preguntas clave para incitarte a empezar:
- ¿Qué experiencias han moldeado tu forma de mostrarte al mundo?
- ¿Cómo afectan las historias que has generado sobre ti mismo en quién eres?
- ¿Con qué historias estás cargando y qué función están cumpliendo o no?
- ¿Qué historias arrastras que puede que no sean verdad?
- ¿Estás cargando con historias que no deberías estar arrastrando tú?
- ¿Qué historias podrías querer soltar, cambiar o enfocar de forma distinta?
- ¿Qué influencia recibe tu historia de tu entorno, de tus antepasados, de tu familia, de los medios de comunicación y de la sociedad?
- ¿Qué temas has aprendido gracias a tu historia?

A medida que avanzamos en la exploración de cómo la comprensión nos lleva a la sanación, te animo a que vuelvas a respirar profundamente. Mira a tu alrededor, lentamente. Nombra lo que veas. Fíjate en cómo te sientes. Esto se llama *orientación* y te ayuda a devolverte al momento presente (a ti y a tu sistema nervioso). Date las gracias por estar aquí, por pensar en tu sanación y por hacer el trabajo necesario para entenderte más a fondo. Es algo precioso y poderoso, y estoy orgullosa de ti por hacerlo. Eres muy valiente.

MÁS HISTORIAS COMUNES QUE TE CUENTAS

Aquí he mencionado varias historias comunes, pero hay muchísimas más que arrastramos de diferentes maneras. Aquí encontrarás más ejemplos que puede que te toquen de cerca.

*Necesitar a los demás denota
debilidad.*

Necesitar ayuda denota debilidad.

*Necesitar a los demás es una
deficiencia.*

Tengo que resolverlo todo a solas.

*Cometer errores significa
que soy un error.*

*Cometer errores significa
que soy un fracaso.*

*Hacer algo mal significa
que yo voy mal.*

*Se supone que tengo que tenerlo
todo bajo control.*

No funciono bien.

Hay algo en mí que no funciona.

No puedo confiar en mí.

Tengo que gustar a todo el mundo.

*Tengo que «retorcerme» para gustar
a los demás.*

*Tengo que esconder partes de mí
para encajar.*

*No me aceptarán si me expongo
por completo.*

*No tengo el aspecto del ideal que
dicta la sociedad y por eso soy feo.*

*Tengo que tener una apariencia
determinada para ser atractivo.*

*Destacar y que te vean
es peligroso.*

Es más prudente ser modesto.

*Tengo que minimizarme
para que me quieran.*

*Tengo que complacer a todo
el mundo para que me quieran.*

*Tengo que gustar a todo el mundo
para que me quieran.*

No merezco que me quieran.

*Nadie va a querer mi yo real,
así que tengo que esconderme.*

*Tengo que demostrar por
qué me merezco el amor.*

*Tengo que ganarme el amor
y la aceptación.*

*Centrarme en mi propia vida
es egoísta.*

Priorizarme es egoísta.

Cuidarme bien es egoísta.

*Tengo que ganarme la alegría,
el ocio, el bienestar y el descanso.*

*Mi grado de productividad dictamina
lo que siento que valgo.*

No me merezco algo bueno.

No es prudente tener necesidades.

*Tengo que ser bueno para
que se satisfagan mis necesidades.*

*Tengo que ser de trato fácil para que
se satisfagan mis necesidades.*

*Tengo que actuar para recibir
atención.*

No soy suficiente tal y como soy.

¿Qué más añadirías a esta lista? ¿Qué otras historias han circulado en tu vida?

Vista general de los temas que revelan nuestras historias:

Crítico interior.

Perfeccionismo.

Tener la sensación de no encajar.

Dificultad en las relaciones.

Complacer a los demás.

Vergüenza intensificada.

Baja autoestima.

Síndrome del impostor.

¿Tus historias revelan otros temas? ¿Cuáles son?

¿QUÉ FUNCIÓN SIGUEN TENIENDO NUESTRAS HISTORIAS?

Puede que pienses en las historias que te cuentas a menudo y te preguntes: «¿Por qué me sigo contando esta historia si me duele? ¿Por qué creé esta historia si ahora sufro tanto al cargar con ella?».

No eres la única persona que se plantea estas preguntas. Recuerda que estas historias cumplieron alguna función para ti en algún momento. Se generaron por algún motivo y tenían la finalidad de mantenerte a salvo. Yo, de pequeña, tenía un miedo aterrador a que me devolvieran: pensaba que mis padres cambiarían de opinión acerca de mi adopción. Este miedo estaba envuelto en mi historia de nunca ser suficiente. Pensé que si hablaba de mi curiosidad y mi anhelo por saber más acerca de mi familia biológica (si me mostraba como cualquier otra versión que no fuera lo que yo pensaba que era la hija adoptada perfecta, si no era la que leía más rápido de la clase y demás), mis padres ya no me querrían. Así que mantuve este anhelo en secreto. Pensaba que si nunca hablaba de ese miedo aterrador, podría mantener la conexión con mis padres. No quería decepcionarlos, defraudarlos o herir sus sentimientos. La historia que me decía que tenía que acallar mis preguntas era un mecanismo de seguridad, por muy doloroso que fuera. No existía en vano. Este es un ejemplo de cómo creamos historias para mantenernos a salvo y conectados, incluso si esas mismas historias nos hieren a la vez. No fue hasta más tarde, con más perspectiva y conocimiento, cuando me di cuenta de que podía ser sincera acerca de mis sentimientos y a la vez mantener la conexión con cualquier persona predestinada a estar en mi vida; de que mis sentimientos no impedirían ninguna conexión.

Echa la vista atrás, a tu yo más joven. Visualiza lo que estabas viviendo, por lo que estabas pasando. Recuerda vívidamente los mensajes que recibiste, tanto si fueron explícitos como si no, sobre quién tenías que ser para estar a salvo. A ver si puedes visualizar los recuerdos que más te afectaron de pequeño, y las creencias que generaste consecuentemente. Pregúntate qué te hicieron esas creencias. ¿Te protegieron? ¿Te mantuvieron a salvo? ¿Te permitieron mantener una conexión? ¿Hicieron que fueras una persona modesta y callada (o, por el contrario, te convirtieron en el centro de atención)? ¿Te ayudaron a consolarte? ¿Te permitieron sobrevivir?

Ahora echa la vista aún más atrás, a cuando acababas de nacer. La versión de ti que no tenía ni idea de lo que estaba por llegar. La versión de ti que se aferraba a lo que fuera con cualquiera que te llevara, independientemente de si después se quedaba o se iba de tu vida. Imagina tu piel fresca y nueva, tu yo sin moldear. Siente la bondad que llevabas en tu interior desde el inicio. Fíjate en cómo te sientes observando aunque solo sea una parte ti, de quién has sido, como buena, digna y suficiente. La parte que solo tenía que ser quien eras. La parte que aún no sabía quién se esperaba que fueras. Fíjate como sigues teniendo esa parte de ti en tu interior, en alguna parte.

Estamos increíblemente enfocados a la conexión. Haremos lo que sea necesario para mantenerla, incluyendo el proceso de generar historias que, al fin y al cabo, nos herirán a la larga, pero que nos ofrecen lo que necesitamos en el momento presente. Antes de generar esas historias, éramos, sencillamente, todo lo que aún no sabíamos. Lo hicimos lo mejor que pudimos con lo que teníamos o no teníamos. Las historias nacen por algún motivo, y ese motivo no era culpa nuestra.

Por eso, te invito a que te des las gracias. Dale las gracias a la parte de ti que necesitaba esas historias dolorosas para sobrevivir. Dale las gracias a la versión de ti que se aferró a esas creencias porque pensaba que las necesitabas para estar bien. Dale las gracias a tu yo más joven, que creó estas historias, y honra el porqué puede que lo hicieras. En el fondo, siempre has tenido en cuenta tu propia seguridad, y tener compasión de los motivos por los que se generó tu historia te permite empezar a desenmarañarla.

No eres tu historia

A través de esta exploración, espero que cada vez tengas más claro que es tu historia la que está mal, la que está dañada o la que necesita que la arreglen, no tú.

Separarte de la historia que te cuentas proporciona un nuevo punto de entrada para la autoexploración. Te da perspectiva, margen de maniobra, espacio para ver todo de otra forma. Es una manera de respetar las partes de nosotros que tal vez negamos. En la terapia narrativa, esto se denomina *externalizar*, hacer que el problema sea *el problema* y no tú. Nos sustraemos de la historia que hemos creado para observarla con más claridad y compasión.

Cuando nos separamos conscientemente de nuestras historias, creamos espacio para responder en vez de reaccionar, para elegir en vez de sentir que no tenemos elección, y para determinar cómo queremos modificar la manera de abordar nuestras historias y cambiar el enfoque que tenemos de nosotros. Esto es increíblemente empoderador.

También puede derivar en maravillosos descubrimientos acerca de nuestro valor inherente, el que se halla debajo de las creencias y las historias que le hemos amontonado encima. Es muy fácil fijarte en tus fallos, defectos y pasos en falso e ignorar por completo tu bondad, ¿verdad? Si eres como yo y como la mayoría de los humanos, seguramente es muy fácil que te pase esto. Nos quedamos tan atorados en nuestras historias que nos olvidamos de las partes de nosotros que nunca encajarían con las duras historias que nos repetimos.

Mi propia historia de no ser nunca suficiente hizo que desestimara e incluso negara partes de mí que iban en contra de esa historia. Negar que somos suficientes es otra posible manifestación de nuestras historias. Para mí, recibir cumplidos era una tortura, porque estaban en total contradicción con lo que yo pensaba de mí. Era como si aceptar mis cualidades traicionara la historia que había ido arrastrando de mí misma.

Separarte de tu historia
puede tener este aspecto:

- Darle un nombre a la historia.

- Hablar de la historia o del problema desde una perspectiva ajena.

- Pensar en la historia como visitante en vez de residente permanente de tu vida.

- Dejar de etiquetarte como el problema y determinar que tu historia es algo que estás viviendo.

Yo sigo trabajando las historias que me dicen que no encajo escribiendo un libro. Sería falso hacer ver que ya he superado por completo las historias que llevo tanto tiempo arrastrando. Lo bonito es que el objetivo no es superarlo todo. La finalidad no es no volver a experimentar nunca más nuestras historias más duras.

El objetivo es recordar todo lo que te he explicado hasta el momento. Recordar que somos más que nuestras complicadas historias. Mientras escribo este libro y reconozco las historias que van apareciendo, puedo elegir que mi respuesta sea distinta a la de hace unos años. Puedo decidir exponerme de todas formas. Puedo elegir seguir escribiendo, incluso cuando dudo. Puedo decidir seguir mostrándome para que me vean, incluso cuando me cuestiono si me merezco todo esto. En este sentido, todos tenemos una elección.

Cuando me recuerdo por qué puede que me estén apareciendo estas historias (seguridad, confianza), puedo reconocer esos motivos y recordarme que no pasa nada por exponerme, que aceptar que la incomodidad propicia el crecimiento, que lo desconocido brinda posibilidades y que dejar que todo sean distintos significa crearme oportunidades en la vida. Qué regalo ser capaz de ofrecerme esto, en vez de continuar viviendo a partir de las historias que me han mantenido bloqueada en el miedo de ser cualquier versión diferente de lo que me resultaba conocido durante tanto tiempo. Es muy normal que nuestras antiguas historias hagan acto de presencia en momentos de cambio, cuando estamos a punto de crecer.

Y te lo digo porque quiero que entiendas que tener conflictos con antiguas historias mientras sanas, creces y cambias es muy humano. Incluso para las personas que llevamos tanto tiempo realizando este trabajo interno. Incluso para expertos, líderes y personas en posiciones de poder. Incluso para aquellos a los que más admiras. Todos somos humanos, intentando descifrarlo todo a medida que avanzamos. Incluso aquellas personas que escriben libros al respecto.

Un amable recordatorio: eres increíble por estar explorando estos temas en tu interior. Se necesita mucha valentía para expresarte de formas nuevas, y eso creo que es lo que estás haciendo con el simple hecho de leer este libro. Te invito a tomarte un momento para sentirte orgulloso de ti y del trabajo que estás haciendo. No te lo tomes a la ligera y, aunque seguramente no nos conozcamos, yo también estoy orgullosa de ti.

Estar de luto por nuestras historias

Aunque repasar las historias que ya no nos sirven es algo primordial para sanar, tratar de entender cómo surgieron nuestras historias puede ser doloroso y perturbador. Entre el amplio abanico de experiencias emocionales que pueden aflorar a lo largo de este proceso, se halla el luto. Puede incluso que hasta estés notando una pincelada de luto ahora mismo, lo cual tendría mucho sentido, ya que estás explorando experiencias que seguramente te duele recordar y estás observando de cerca tu historia.

A menudo no hablamos del luto en este sentido; sin embargo, no solo está presente cuando alguien se muere, sino también cuando hay partes de nuestra vida que cambian y acaban teniendo un aspecto distinto al anterior. Tal vez ya hayas experimentado este tipo de luto antes. Tal vez experimentaste el luto cuando te fuiste de la casa en la que creciste, o cuando te alejaste de alguna amistad cercana, o cuando te despidieron de un trabajo que te encantaba, o cuando viviste la ruptura de una pareja con la que esperabas compartir toda la vida. Hacer las paces con tu historia casi siempre conlleva un proceso de luto. Tal vez tengas que hacer luto por la relación que no tuviste con las personas que te criaron. O por lo que nunca pasó o por lo que nunca llegaste a sentir. Tenga el aspecto que tenga el luto en tu propia historia, es fundamental reconocerlo. Tu luto es válido.

Puede que al principio no lo reconozcas. A menudo aparece en forma de ansiedad, agitación o rabia. A menudo, esas experiencias emocionales nos resultan más conocidas y, sin embargo, debajo de ellas se esconde el luto, que está esperando a que le demos la bienvenida. De pequeña, nunca tuve conversaciones acerca de lo que significaba el luto, qué aspecto tenía y cómo darle espacio de una forma saludable. No pude ni siquiera etiquetar esta sensación hasta que llegué a los veinte años. Cuando estaba cursando el máster, continué visitando a una terapeuta a la que había estado acudiendo de adolescente. En una de nuestras sesiones, le estaba contando esa sensación de vacío que notaba, como si hubiera un espacio que esperaba ser colmado, pero que no sabía con qué tenía que llenarlo. Recuerdo claramente cómo mi terapeuta me preguntó si había alguna pérdida que tuviera que aceptar. Los ojos se me llenaron de lágrimas al instante.

Tardé un momento en analizar lo que me estaba pasando, pero después de un par de minutos, dije algo así como «tengo un luto aún por hacer». Nunca se me había pasado por la cabeza a lo largo de las últimas décadas; nunca había llegado a procesar lo que había perdido de pequeña. Había perdido una relación con mi familia biológica. Había perdido la conexión con mis antepasados. Había perdido el sentimiento de pertenencia. Yo no lo había llegado a procesar y nadie lo había procesado por mí. El luto estaba entretejido en mi historia y, sin embargo, nunca le había puesto nombre. Y, a decir verdad, el luto siempre estará entretejido en mi historia, porque siempre seré adoptada, siempre habrá pérdidas con las que tendré que contar de diferentes maneras a lo largo de mi vida. Por eso es tan importante y necesario aceptar y respetar nuestro luto regularmente.

Por lo que he presenciado como terapeuta, a la mayoría de nosotros no nos enseñaron a darle espacio al luto (de todo tipo) en nuestras vidas. Es otra experiencia emocional que empujamos o pasamos por alto muy rápido. No sabemos cómo hablar del tema, así que nos preguntamos qué puede ser, por qué está allí y por qué nos provoca sentimientos tan horriblemente duros. Francis Weller, un psicoterapeuta y activista del alma, defiende que el luto es una labor sagrada y argumenta lo necesario que es que cada uno de nosotros haga este proceso. Lo califica como «un aprendizaje con tristeza» por la manera en que el luto se entreteje en nuestras vidas y en nuestro ser. Tenemos que ponerle nombre. Tenemos que sujetarlo entre las manos y abordarlo con cuidado, como si fuera un ser delicado. Tenemos que mirarlo con compasión. Cuando lo hacemos, el luto se puede mover. Cuando el luto tiene espacio para moverse, fluctúa.

Hasta que no aprendí el papel central que tenía el luto en la experiencia de ser humano, no supe cómo respetarlo. Respetar el luto me permite soltar historias antiguas y dar la bienvenida a historias nuevas.

Soltar viejas historias y antiguas versiones de nosotros mismos conlleva, inevitablemente, una pérdida, y con ella, el luto. A menudo parece demasiado aterrador o abrumador como para enfrentarse a ello. Tal y como ya comenté antes, somos muchos los que preferiríamos quedarnos estancados que atravesar la incomodidad del cambio para poder crecer y prosperar. Por eso creo que el luto es un componente clave para permitirnos cambiar desde donde estamos hasta donde queremos estar, una y otra vez. Cuando normalizamos el luto en nuestras vidas y su papel en nuestra sanación, se vuelve menos aterrador y menos abrumador. El luto siempre será una parte arraigada de nuestra experiencia humana, así que familiarizarse con él es un acto en el que te honras a ti mismo.

A medida que eches la vista atrás, y observes tu vida y tus vivencias, te invito a explorar estas preguntas sobre el luto y el duelo:

- ¿Qué has perdido, soltado o se te ha escapado que puede que no hayas reconocido como una pérdida?
- Normalmente, ¿cómo notas el luto en el cuerpo? ¿Dónde se te «acumula» más?

- ¿Cómo se habló del luto o cómo se gestionó en tu familia o en el entorno en el que te criaste?
- ¿Cómo te has permitido hacer (o no hacer) luto en el pasado?
- ¿Dónde se te «manifiesta» más el luto cuando piensas en él?
- ¿Cómo has procesado o digerido el luto en el pasado?
- ¿En qué aspectos te estás resistiendo a sentir el luto?
- ¿Qué partes de tu vida quizá necesites valorar para experimentar el luto?
- Si te dieras permiso para hacerlo, ¿el luto te permitiría crear o vivir algo nuevo?

A medida que explores estas preguntas, es probable que se te aparezcan recuerdos o experiencias concretas. Te animo a ser amable contigo en esta exploración, ya que el luto puede ser un tema duro en el que adentrarse. Valorar el luto como una parte normal de ser humanos es una manera preciosa de darte permiso para aceptarlo, aprender de él y crecer gracias a él.

VALIDAR NUESTRAS HISTORIAS

Ser conscientes de nuestras historias nos lleva a hacer luto, pero también a validarnos. La validación es el proceso de reconocer y aceptar algo en nosotros o en los demás (afirmar nuestras experiencias), honrando lo que arrastramos, dando espacio a las experiencias vividas. Es lo que sentí cuando leí en voz alta, en clase, en la UC Santa Cruz, la carta que le había escrito a mi madre biológica. Es lo que he sentido sentada en los divanes de terapeutas y en la presencia de seres queridos. Es lo que he sentido siempre que alguien ha presenciado mi verdadero yo.

Es lo que sentimos cuando recordamos que no estamos solos.

Recuerdo que una vez, siendo adolescente, estando sentada en el diván de mi terapeuta, me dijo: «Si te sientes cómoda, cuéntame la historia de tu origen».

Le conté que me habían abandonado y que no sabía quiénes eran mis padres biológicos. Le dije que no había hablado nunca con otro niño adoptado. Le hablé acerca de esa vez en primaria, cuando mi profesor insistió en que dejara a mis padres biológicos fuera del árbol genealógico porque «no eran mi familia». Le expliqué con qué frecuencia me instaban a sentirme agradecida, con qué frecuencia me decían que era un milagro, y lo mucho que me dolía oírlo sin que validaran mi dolor. Supuse que ella también me instaría a sentirme agradecida.

Pero hizo una pausa y, finalmente, dijo: «Pues claro que te sientes así. Normal. Hay mucho dolor aquí. Un dolor comprensible. No es normal perder a tus padres biológicos, ni siquiera al nacer». En ese momento mis hombros se bajaron. Me cambió el ritmo cardiaco. Se me llenaron los ojos de lágrimas que parecían llevar años esperando para salir. Sentí alivio, aunque en realidad no hubiera cambiado nada. Mi historia era la misma, pero de repente la notaba más ligera. Había otra persona que podía sujetar todas las partes conmigo. No me sentía tan sola. Este es el poder de la validación.

Compartir una pieza de la historia con la que estaba cargando y que alguien la sujetara con compasión me demostró que a lo mejor yo también podía sujetarla de esa manera. Tal vez había una manera distinta de hacer todo. Yo no podía cambiar lo que había pasado ni cómo había cargado con mi historia en el pasado. Pero podía modificar la manera de cargar con mi historia de ese momento en adelante. Podía cambiar el modo en el que me hablaba a mí misma. Podía cambiar mucho, en realidad; ese momento en la consulta de mi terapeuta fue la primera vez que me di cuenta de ello.

Mi terapeuta me ofreció validación y eso lo transformó todo. La validación es un recordatorio de que no hay nada que funcione mal en nuestro interior. Es un recordatorio de que no tenemos que sentirnos mal por ser quienes somos o por haber vivido lo que hemos vivido. Es un recordatorio de que somos humanos.

La validación es sencilla, y es una de las experiencias más profundas que podemos vivir en la vida. Es uno de los temas que más me gusta leer, verme en las palabras de otra persona y darme cuenta de que no estoy sola.

¿Recuerdas haber sentido alguna vez que te validaban justo por lo que estabas sintiendo o experimentando? ¿Puedes sentir, en tu cuerpo, la diferencia entre que te entiendan y que te pidan que minimices, que cambies o que arregles cómo te sientes para beneficiar a otra persona? Son sensaciones muy distintas, una es liberadora y la otra te apaga. Una deja espacio para todas las partes de nuestro ser y la otra nos pide que escondamos partes de nosotros. Que nos validen los demás y que nos validemos nosotros son maneras de recordarnos que estamos bien tal y como somos.

Somos muchos los que no hemos recibido validación. Nadie ha sostenido nuestras dificultades con afabilidad. Y esto no es porque no nos lo merezcamos, sino porque a la mayoría de nosotros no nos han enseñado a hacerlo con los demás. Puede que nuestros padres no tuvieran esa experiencia. Sus padres puede que tampoco. No podemos replicar lo que no hemos visto.

En un modelo de terapia llamado *psicoterapia dinámica experiencial acelerada* (AEDP, por sus siglas en inglés), un tipo de psicoterapia que se centra en el procesamiento de las emociones, uno de los objetivos principales es «deshacer la soledad». Esta idea me fascina porque simplifica mucho el trabajo terapéutico y es en gran medida en lo que me he apoyado en mi propio camino de sanación: no sentirme sola. Deshacer la soledad es crucial. Cuando creamos conexiones con aquellas personas que reflejan nuestro yo completo, es como si dejáramos de mirarnos en un espejo deslustrado y al fin viéramos lo que realmente hay allí, lo que ha estado allí todo el tiempo, pero que veíamos nublado.

Qué aspecto puede tener la validación:

- Que te escuchen, te vean y te entiendan por completo.

- Que reconozcan tus sentimientos.

- Que acepten tu presencia sin intentar cambiarte.

- Que honren lo que has vivido.

- Que te escuchen para entender, no para responder.

- Que acepten tu humanidad al completo.

- Que haya espacio para tus sentimientos y emociones.

- Que tu historia se perciba con curiosidad, sin juzgarla.

- Que se te considere con empatía y estima.

Yo he experimentado este proceso siendo tanto la persona reflejada como la persona al otro lado del reflejo. Una vez estaba delante de una paciente que compartió una parte de su pasado de la que no había hablado nunca antes con nadie. Después de hablar unos diez minutos sobre diferentes aspectos que había mantenido escondidos, le pregunté qué sentía ahora que los había compartido. Confesó que sentía vergüenza y preocupación, pero que también se sentía suficientemente a salvo como para compartir esas partes de su ser. Yo me hice eco de lo que veía en su explicación: resiliencia, fortaleza, superación, fuerza y asombro. Me hice eco de lo que nadie se había hecho eco antes cuando había compartido esas partes de ella con otras personas. Le ofrecí validación.

Y en cuanto lo hice, me di cuenta de que su cuerpo entero cambiaba. Sus ojos se relajaron. Dejó de estar tan agachada. Se relajó, se le notó el alivio. Empezó a absorber la nueva reflexión que le acababa de ofrecer. Estaba aceptando una manera distinta de verse. Esto no quiere decir que de repente estuviera «mejor». Lo que quiere decir (o por lo menos, lo que parecía querer decir) es que se sintió menos sola.

Percibimos estos momentos como extremadamente significativos porque son un reflejo de lo que, en alguna parte de nuestro ser, ya sabemos que es verdad. Solo necesitábamos verlo y oírlo en alguna parte, necesitábamos que se viera y oyera la parte de nosotros que sabía que era verdad. Estas reflexiones son un recordatorio de quienes somos en realidad y pueden provocar que creemos historias nuevas, más acertadas y comprensivas.

CONTEMPLAR NUESTRAS HISTORIAS

Nadie me dijo cuál era mi historia; la averigüé yo tras años de contemplación, exploración y lanzarme a las profundidades. Me permití ser curiosa y prestar atención al sentido que le había encontrado a mis vivencias y a las maneras en las que mi yo había quedado afectado.

Es algo que no se receta a menudo en nuestra cultura, pero yo, de una manera u otra, te lo estoy recetando ahora mismo: la contemplación (sin la distracción de lo que los demás estén haciendo, pensando o sintiendo) es una práctica increíble para sanar. Nos permite empezar a forjar una relación con nosotros basada en lo que nos está pasando. También nos otorga el poder de explorar nuestro mundo interior sin tener que buscar respuestas en el exterior.

A lo largo de esta parte del libro, he compartido muchas preguntas contigo. Esto se debe a que no te puedo decir cuál es tu historia única. No puedo decirte por qué se ha creado tu historia única o de dónde ha surgido. Nadie podía encontrarle sentido a mi historia por mí, solo yo podía hacerlo. Yo no puedo encontrarle sentido a tu historia por ti, solo tú puedes hacerlo. Lo que sí puedo hacer es ofrecerte preguntas. Tus respuestas te guiarán.

Todos somos seres únicos y complejos que necesitan algo distinto. Por mucho que queramos tener un mapa que nos oriente, no hay ningún mapa universal. Todos abordamos el proceso de sanar y el crecimiento personal desde diferentes lugares, con diferentes tipos de apoyo, con historias, experiencias, personalidades y fortalezas diferentes. Decir que hay una manera correcta para todos sería negar nuestra individualidad inherente. En vez de eso, darte tiempo para que contemples, darte espacio e intención para que conozcas tu paisaje interior, recordarte que no estás solo en este proceso, es lo que a mí me ha parecido más transformador en mi vida y en mi práctica. Nos olvidamos de que somos nosotros quienes tenemos nuestro propio mapa para sanar, crecer y cambiar. Tenemos lo que necesitamos en nuestro interior.

A continuación, te planteo aún más preguntas que puedes tomar en consideración cuando pienses en tus propias historias. Cuando las explores, escucha tu voz interior, pero busca apoyo. Utiliza tu red. Habla de ello en tu sesión de terapia. Que te inspiren a hacer lo que te apasione, ya sea danza, arte, música o lo que sea. La clave no está en averiguarlo todo de inmediato, sino en darte espacio para conectar con tu interior y explorar qué surge. Puede que te sorprendas.

Te animo a que contemples. A que pienses realmente en lo que te va llegando por dentro a lo largo del proceso. A que te fijes en lo que aparece primero y te preguntes si esa es tu respuesta o si simplemente es lo que has aprendido que tenías que contestar. ¿Qué se esconde detrás de cada una de tus respuestas?

Preguntas para la contemplación:
- ¿Qué historias me cuento a menudo?
- ¿Cuál es mi reacción por defecto cuando me pasa algo complicado?
- ¿Cómo respondo normalmente cuando las cosas no van como yo querría?
- ¿Qué tipo de opiniones tengo de los demás y de mí? ¿Qué critico?
- ¿Qué veo que me repito en varias ocasiones?
- ¿Dónde puede que haya aprendido o forjado esas historias?
- ¿Dónde he presenciado o escuchado estas historias antes?
- ¿Alguna de estas historias me resulta familiar o la reconozco de alguna parte?
- ¿Cuándo recuerdo que fue la primera vez que me conté y me creí estas historias?
- ¿Las aprendí de casa o del entorno en el que crecí?
- ¿Las copié de las personas que me criaron o de mis hermanos o hermanas?
- ¿Qué impacto tienen estas historias en la manera en que me muestro en la vida?
- ¿En qué situaciones aparecen estas historias con más frecuencia? ¿Con quién?

- ¿Cómo me retienen estas historias o me impiden vivir de forma auténtica?
- Estas historias, ¿qué han provocado que crea de mí mismo o de los demás?
- ¿Cómo se manifiestan estas historias en mis relaciones?
- ¿Qué historias me han asignado los demás y yo he interiorizado como mías?
- ¿Qué me decían a menudo, de pequeño, que haya heredado como una verdad?
- ¿Cómo me trataban cuando la estaba pasando mal o se me removían muchos sentimientos?
- ¿Me felicitaban por mi éxito y me apoyaban en mi crecimiento?
- ¿Qué recuerdo oír a menudo por parte de las personas que me criaron?
- ¿Qué papeles desempeñé para mantener la conexión?
- ¿Qué rasgos me decían a menudo que tenía?
- ¿Cómo me han protegido estas historias en algún momento de mi vida?
- ¿De qué manera me han ayudado mis historias a sobrevivir, a mantenerme conectado o a salvo?
- ¿Cómo me han ayudado mis historias a conservar algo que necesitaba?
- Aferrarme con uñas y dientes a esas historias, ¿qué ha hecho por mí en diferentes momentos de la vida?
- ¿Por qué puedo haber creado estas historias o por qué no las he soltado?
- ¿Qué función han cumplido estas historias?
- ¿Qué patrones percibo ahora en torno a estas historias?
- ¿Con qué frecuencia noto que vivo basándome en esas historias?
- ¿Cómo me siento cuando me doy cuenta de esas historias?

- ¿Qué opiniones o críticas me surgen cuando me doy cuenta de esas historias?
- ¿Estas historias se intensifican cuando estoy con determinadas personas, en determinados lugares o entornos?
- ¿Cómo respondo cuando están presentes mis historias?
- ¿Por qué ya no me sirven estas historias?
- ¿Qué historias he estado arrastrando y quiero soltar?
- ¿Qué historias necesitaba antes y ahora ya no?
- ¿Qué historias ya no me apoyan, siendo quien soy ahora?
- ¿Qué historias ponen un límite a quien me siento capaz de llegar a ser?
- ¿Qué historias sigo creyendo que quizá no sean verdad?
- ¿Qué tal sería vivir sin esas historias?
- ¿Cómo me sentiría si respondiera con intención y no con un patrón de respuestas?
- ¿Qué cambiaría si mis historias cambiaran?
- ¿Quién sería sin estas historias?
- ¿En qué sentido me sentiría diferente si las historias que me cuento fueran diferentes?
- Con historias diferentes, ¿cómo me mostraría en la vida?
- ¿A qué historias quiero darles espacio, qué historias quiero dejar crecer o hacer realidad?
- ¿Qué historias me resultan alentadoras, revitalizadoras y certeras?
- ¿En qué tipo de historias me quiero apoyar en los momentos tanto de alegría como de adversidad?
- ¿Qué historias permitirían que mi mejor yo y mi yo más auténtico salieran a la superficie?
- ¿Con qué historias cargan aquellas personas a las que admiro y cómo puedo encontrarlas en mi interior?
- ¿Qué historias me permitirían vivir el tipo de vida que me esmero en tener?

A medida que vayas leyendo y contemplando las historias que siguen apareciendo con más frecuencia en tu vida, te animo a que las dejes por escrito.

- ¿Cuáles son algunas de las historias más comunes que me cuento?
- ¿Dónde recuerdo que fue la primera vez que aprendí o adquirí esas historias?
- ¿Dónde aparecen ahora con más frecuencia?
- ¿Qué siento cuando aparecen?
- ¿Cómo impactan estas historias en los diferentes ámbitos de la vida?
- ¿Qué personas o lugares refuerzan esas historias?
- ¿Qué personas o lugares me recuerdan que solo son historias?
- ¿Qué siento cuando me recuerdo a mí mismo que solo son historias?
- ¿Qué historias nuevas y alentadoras quiero escribir para mí y para mi vida?

CAMBIAR NUESTRAS HISTORIAS NOS CAMBIA LA VIDA

Cuando somos conscientes de nuestras historias, nos damos la oportunidad de elegir cómo seguir adelante (y yo creo que esta es una de las partes más importantes del camino hacia la sanación). El poder de decisión aporta empoderamiento, esperanza; es un recordatorio de aquello en lo que tenemos voz y voto. Ejercer nuestro poder de decisión en nuestra sanación es, a menudo, un proceso complicado. Muchas veces, aquello que nos hirió en la vida tenía que ver con *no* tener elección. Desaprender esas creencias requiere una valentía extraordinaria. La vida recompensa la valentía, la decisión de hacernos visibles y nuestro avance hacia la sanación, aunque es probable que no pase de la manera que queríamos o en el orden que esperábamos.

A los veinticinco años, después de años preguntándome por mi familia biológica, alguien me regaló un kit de ADN de Ancestry. A mí siempre me había dado demasiado miedo dar este paso sola, pero ahora tenía entre manos una posible brecha de información. Datos que llevaba toda la vida buscando, pero que nunca creí posible encontrar. Escupí en el tubito y lo envié para que lo analizaran. Cuando recibí los resultados, descubrí que era escocesa, inglesa, irlandesa y sueca. Por fin podía identificar de dónde venía de una forma limitada pero significativa.

Debajo de los resultados de ADN aparecían conexiones: personas cuyo ADN encajaba con el mío. Estaba conectada con primos en cuarto grado y parientes aún más lejanos. Me puse en contacto con muchos de ellos desesperadamente por si por casualidad tenían idea de por qué me abandonaron, pero no recibí ninguna respuesta. No volví a conectarme a la web de Ancestry durante meses.

Hasta que un día, por alguna razón, decidí entrar en mi cuenta para borrarla. Llevaba mucho tiempo sin usarla y no quería seguir pagándola. Puse la contraseña y recibí una notificación: se había encontrado una coincidencia de ADN con un miembro de primer grado de mi familia. Se me paró el corazón por un momento (o por más que un momento).

Encontraron una coincidencia con quien pronto descubriría que era mi hermana biológica. A partir de los correos que nos enviamos, descubrí que teníamos otro hermano y una hermanastra también. Mi hermana tenía la información de contacto tanto de nuestra madre como de nuestro padre biológicos, así que le envié un correo a mi madre biológica con la carta que había leído delante de mi clase de Psicología años atrás, pensando que nunca podría compartirla con ella. Y me contestó. Lo que llevaba soñando desde que era pequeña ahora era una realidad. Y gracias al trabajo de sanación que había estado haciendo, por fin sentía que lo merecía y que estaba preparada.

Nada de esto habría pasado si no hubiera tenido el valor de hacerme la prueba de ADN. No hubiera pasado si no me hubiera conectado para borrar mi cuenta. No hubiera pasado si no hubiera tenido la voluntad de enfrentarme a mi historia, sabiendo que no había ninguna garantía de resultados, pero decidiendo explorar de todas formas.

Esto me recordó que confiar en el ritmo de mi sanación había sido clave. Me recordó que no siempre podemos apresurar nuestra sanación ni pasarla más rápido (¿qué nos perderíamos si lo hiciéramos?). Me recordó que tal vez todas mis preguntas, mi dolor y mis dificultades no habían existido en vano. Tal vez una parte de mí lo necesitaba para encontrar la valentía necesaria para buscar lo que faltaba. Tal vez necesitaba escudriñar el estancamiento, el dolor, la soledad y el duelo para que creciera la voluntad de vivir algo nuevo, una historia con más espacio para lo verdadero, una historia en la que fuera suficiente, en la que tuviera valor y en la que encajara. Todos mis hermanos y hermanas vinieron a mi boda.

A través de esta experiencia, y hasta la fecha, he entendido que incluso creer que nos esperan más posibilidades permite que se abran más posibilidades.

No creo que ninguno de nosotros tenga que enfrentarse a tanto como nos enfrentamos en la vida. No obstante, creo que cuando utilizamos esas experiencias para mejorar nuestras vidas y posiblemente las vidas de los demás, pueden acabar siendo más que solo una historia complicada. Acaban siendo más cuando permitimos que esas historias dejen de definirnos, cuando recordamos quiénes somos sin ellas. Poner punto y final a las historias complicadas (aquellas que menosprecian nuestros talentos, ignoran nuestra bondad, niegan nuestra capacidad de ser queridos y hacen que nos sintamos inferiores) cambia lo que es posible y, en muchos aspectos, te cambia la vida.

Esto es lo que le pasó a mi paciente Jen. Su vida desde el exterior parecía increíble. Obtenía unas calificaciones excelentes, trabajaba para alcanzar su objetivo a largo plazo de ser enfermera. Parecía que conseguía todo lo que se proponía. Su muro de Instagram estaba repleto de fotos preciosas de días de playa y parrilladas con su grupo de amigos más cercanos. Otros se preguntaban cómo era posible que todo le fuera tan bien y envidiaban su vida aparentemente perfecta. Era la imagen de lo que concebimos como *perfección*.

Pero lo que no mostraba en el exterior era su creencia paralizadora de que no era lo suficientemente buena. Lo que parecía perfección era en realidad el resultado de una búsqueda agotadora e incesante para esconder el hecho de que Jen no se gustaba a sí misma. Le encantaban sus amigos, pero siempre sentía que eran mejores que ella. Le gustaba estudiar, pero siempre sentía que no seguía el ritmo, por muy buenos resultados que sacara. Le encantaba el helado, pero había dejado de comerlo por miedo a ganar peso, lo cual había interiorizado como algo negativo. Disfrutaba mucho bailando, pero nunca lo hacía delante de nadie porque no quería ponerse en ridículo o fastidiarla. Permitía que los demás vieran las partes de ella que le parecían suficientemente «buenas» y escondía el resto. El tema es que por mucho que los demás la elogiaran y la admiraran, por mucho que perdiera peso, por mucho que sacara un 9.9 en un trabajo, por mucho que se diera permiso para bailar en la habitación, seguía sin gustarse a sí misma. Nunca se permitía mostrar su yo completo, verdadero e imperfecto. La perfección se convirtió en el dispositivo predilecto para intentar sentirse digna, una máscara para su dolor.

Cuando Jen empezó la terapia, no entendía lo que estaba mal. Sentía que debía tenerlo todo controlado, que simplemente tenía que estar feliz, porque «¡fíjate en todo lo que está bien!». Intentaba dejarse la máscara puesta incluso en el diván de la consulta porque se había convertido en un hábito. Me preguntaba si estaba haciendo bien la terapia, si se le permitía hablar de ciertos temas, si podía elegir lo que hablábamos en la sesión. Se disculpaba por ocupar espacio, por bostezar, por llorar, por ser humana.

En una de las sesiones le pregunté lo siguiente: «Me pregunto si la terapia es algo que estás intentando hacer a la perfección. Me pregunto qué pasaría si te permitieras ser imperfecta aquí..., si te permitieras ser sincera. Y me pregunto qué historias te surgen del interior que te lo ponen tan difícil. ¿Qué se te remueve por dentro cuando te digo esto?».

Jen bajó la mirada, con las manos cruzadas, como si lo estuviera dando todo para contenerse. Empezó a llorar. Le dije: «Está bien llorar aquí, Jen. No pasa nada». Nos quedamos sentadas en silencio unos instantes mientras poco a poco se iba permitiendo estar con la verdad que llevaba dentro, y que la viera con esa verdad. Su imperfección se estaba desvelando, y yo lo sostenía todo con veneración.

Jen creció en un entorno en el que los errores eran malos y los logros eran buenos..., donde las imperfecciones se juzgaban y se prestaba atención a los triunfos..., donde no se permitía el desorden y se aceptaban más ampliamente las versiones más sensatas de ella. No había mucho margen para convertirse en quien era realmente en un entorno en el que se juzgaba todo lo que no fuera una máscara; y el resto de ella quedaba reprimido o, en el peor de los casos, ignorado.

Jen creó la historia de que tenía que ser perfecta para poder sentir que era suficiente para su familia. Los padres de Jen habían triunfado en su vida laboral, pero le ofrecían muy poco apoyo emocional. Elogiaban a Jen por sus logros externos, pero no se tomaban el tiempo necesario para conocerla de verdad. Esto llevó a Jen a creer que crearse un escaparate de perfección era la única manera de que vieran que tenía valor. Se pasó la vida esforzándose, tenía altos niveles de ansiedad por si hacía algo mal o se atrasaba, y se preocupaba continuamente por si se equivocaba.

Jen estaba cansada de esforzarse tanto. Estaba cansada de vivir basándose en esa historia y estaba preparada para algo distinto.

CONTINUAR DESARROLLÁNDOSE

El poeta y filósofo David Whyte tiene un poema llamado «Start Close In» («Empieza cerca»). El inicio dice: «Empieza cerca, no des el segundo paso ni el tercero, comienza por lo más cercano, por el paso que no quieres dar». Este poema me viene a menudo a la cabeza cuando me planteo por dónde iniciar un camino, una exploración interna o qué paso debería dar a continuación. «Empieza cerca» se trata de comenzar en nuestro interior, de no salir por la tangente de una situación incómoda, sino de mirar al interior: enfrentarse a la verdad, mirar directamente qué hay allí y explorar lo que encuentres. En el caso de nuestras historias, ya has empezado cerca: has empezado la aventura entendiendo, lo cual, de forma inevitable, crea una apertura hacia algo nuevo, algo diferente.

La siguiente parte de este libro te desvelará algunas actitudes y prácticas que nos han apoyado tanto a mis pacientes como a mí, y que espero que te brindarán apoyo a ti también en el proceso de reformular tus propias historias complicadas y de crear otras más alentadoras. Llevar un paso más allá el conocimiento que has cosechado en este apartado te permitirá tener compasión con las partes de ti que quizá se resistan más a cambiar esas historias. Es totalmente comprensible que te cueste, ¡porque realmente cuesta! Pero desde mi punto de vista, este proceso es más gratificante que el desafío de permanecer atascado en una antigua historia. Espero que este también sea tu caso.

Te invito a hacer una pausa antes de seguir con la siguiente sección del libro. Fíjate en lo que sientes en el cuerpo cuando te enfrentas a las historias que has estado arrastrando. Fíjate en lo que te surge en el interior a medida que exploras tu propia historia y el impacto que ha tenido en tu vida. Fíjate en lo que puede haber cambiado tras leer sobre cómo entender más profundamente tu historia. Observa cualquier sentimiento, pensamiento, opinión o patrón que te aparezca. Fíjate en lo que hay presente en ti en estos momentos. Sin juzgarte…, simplemente observa.

Hacer una pausa para prestar atención a lo que estamos experimentando es una práctica de consciencia que nos permite integrar lo que hemos aprendido en la vida diaria. A menudo nos saltamos esta parte, nos saltamos la práctica intencionada de estar con lo que hemos consumido. Más adelante, en el libro, aprenderás más acerca de por qué es tan importante hacerlo y cómo esto apoya nuestro camino de sanación.

Cuando lo hagas, te animo a reflexionar no solo acerca de toda la exploración interna que hayas hecho hasta el momento, sino también sobre la elección que has tomado al adentrarte en esta labor. No es nada fácil examinar nuestras historias desde una perspectiva nueva. Hacer ese trabajo interno requiere mucho de nuestra parte. Quiero valorarte por estar exponiéndote así y por decidir navegar las historias que has estado arrastrando. Se necesita mucha valentía para hacerlo.

Te animo a seguir recordando por qué estás leyendo este libro, por qué quieres explorar las historias con las que estás cargando y por qué es importante para ti explorarlas. Recordar nuestro *porqué* nos permite seguir adelante cuando todo se pone complicado. Lo estás haciendo muy, pero que muy bien.

SEGUNDA PARTE

Ganar valentía

REFORMULAR NUESTRAS HISTORIAS

«Lo estás pasando mal y yo te estoy escuchando».

Esto lo escribí en mi diario hace mucho tiempo. En un momento en el que estaba empezando a aprender a prestar atención a mi historia. Desde entonces, me he aferrado a esta idea de mirar hacia dentro, reconocer lo que estoy sintiendo y decidir escucharlo. Soy partidaria de que escuchar las historias que nos hemos estado contando, tal y como he descrito en la primera parte del libro, es clave para empezar a generar espacio para crear historias nuevas.

A estas alturas ya tendrás un mayor conocimiento de tu historia. Puede que ya le hayas encontrado el sentido a por qué la estás arrastrando y de dónde surgió. Puede que seas capaz de identificar formas en las que se te presenta tu historia en la vida, cómo te afecta y de qué maneras te retiene. Todo esto es increíble, extraordinario y te mereces celebrarlo (¿qué puedes hacer hoy para celebrarlo?).

Ahora me gustaría invitarte a hacer una pausa. Sumergirnos en nuestras historias, en nuestro pasado y en nuestras experiencias puede ser un proceso increíblemente intenso y exigente. Tu valentía es inspiradora y admirable, y te mereces tu propia gratitud.

Aquí tienes algunas afirmaciones que puedes leer en voz alta, anotar en tu diario o a las que puedes dar vueltas en silencio a medida que te adentras en esta labor interna:

- Soy valiente por adentrarme en mi historia.
- Tengo coraje por estar desenterrando lo que había mantenido escondido.
- Soy admirable por estar dispuesto a liberarme de mi historia.

- Soy fuerte por permitirme reconocer las maneras en las que me he estado hablando.
- Soy humano por haber pasado por dificultades y soy increíble por generar espacio para mi plenitud.
- Soy suficiente, incluso cuando las viejas historias intentan convencerme de lo contrario.

Repetirnos afirmaciones a medida que avanzamos en este tipo de trabajo interno puede ayudarnos mucho, incluso si tenemos la sensación de que nos dirían que esto es de «locos» (no lo es). Te recuerdo que hagas una pausa porque es algo valioso en nuestra vida diaria, tanto si nos comprometemos a hacer un trabajo interior como si no. Forjar el hábito de aflojar el ritmo para valorar todo lo que has logrado superar y atravesar, y el trabajo interior y el crecimiento que has acumulado te recuerda tu propia resiliencia y fortaleza: elementos que a menudo olvidamos reconocer o incluso admitir en nosotros.

Está bien, hablemos ahora sobre ganar la suficiente valentía para reformular nuestras historias.

Entender nuestra historia nos lleva a hacer algo con ella.

En esta parte del libro, exploramos el aspecto que puede adquirir el proceso de salir de las viejas historias y empezar historias nuevas, partiendo de varias actitudes y prácticas. Aunque es probable que nuestras historias sean distintas y nuestro proceso de sanar también, esta parte del proceso nos lleva a todos a un lugar que nos permite llegar a la verdad de quiénes somos, lejos de los mitos que hemos estado arrastrando. Reformular tu historia te ayuda a salir de lo que te empequeñece para llegar a aquello que te libera.

He mencionado muchas de las historias con las que cargamos (todos somos únicos y diferentes), pero creo que son variaciones de la misma idea. Espero que todos podamos transformar nuestra historia desde «no soy suficiente» hasta «soy suficiente tal y como soy».

Atravesar la incomodidad de soltar viejas historias y vivir basándose en historias nuevas es un proceso. Y es un proceso que todos nos merecemos. Espero que a lo largo de este apartado veas el aspecto que podría tener el proceso de desenmarañar lo que ya no te sirve para crear espacio para todo lo que vales, para todo lo bueno que hay en ti y en tu capacidad de saberte suficiente.

De esto: A esto:

De esto:		A esto:
Tengo que ser perfecto para que me quieran.	→	Me pueden querer con todas mis imperfecciones.
No puedo tener necesidades.	→	Mis necesidades son importantes.
No estoy a salvo siendo yo mismo.	→	Puedo aceptar mi yo completo.
Voy «atrasado» en la vida.	→	Estoy donde tengo que estar.
Algo no funciona en mí.	→	No hay nada que no funcione en mí.
Soy defectuoso.	→	Simplemente estoy sufriendo.

LAS CINCO NECESIDADES BÁSICAS

ATENDER TUS NECESIDADES BÁSICAS

Una de las primeras cuestiones que exploro con mis pacientes (y conmigo) son las necesidades básicas. Es fácil pasar por alto lo más sencillo y, sin embargo, lo más sencillo es imprescindible para poder sumergirse en lo no tan sencillo. Durante el proceso de desvelar, desarraigar, desenmarañar y replantear las historias que nos contamos, atender nuestras necesidades básicas es innegociable.

Como podemos dejarnos llevar fácilmente por los asuntos grandes, los grandes cambios y las grandes labores, olvidamos lo transformador e importante que es atender los asuntos sencillos. «¿Qué asuntos sencillos?», te estarás preguntando.

1. Alimentarte lo suficiente y comer alimentos nutritivos.
2. Beber mucha agua y mantenerte hidratado.
3. Dormir y descansar lo suficiente.
4. Mover el cuerpo.
5. Tener conexiones enriquecedoras y estar involucrado en la comunidad.

Desde mi punto de vista, estos factores son los más importantes para cuidarme a diario. Si estoy de mal humor, siempre compruebo estos cinco elementos: ¿los he cumplido hoy? Si no, me organizo para hacerlos. (Casi) siempre me ayuda.

Estas son maneras fundamentales de fortalecernos a las que siempre podemos recurrir cuando el resto nos parece demasiado duro o abrumador. Cuidarnos es difícil cuando pensamos que no somos lo suficientemente buenos como para merecer este tipo de cuidados. Al comprometernos con estas prácticas de autocuidado, básicamente nos estamos dando apoyo para pasar a nuevas historias. Nos estamos comprometiendo con la creencia de que nos merecemos el cuidado. Y, a su vez, esto nos recordará cuánto nos merecemos cuidarnos y que nos cuiden.

EXPLORAR TUS CINCO NECESIDADES BÁSICAS

Para conectar con tu situación actual y con los aspectos que te gustaría cambiar de tus prácticas de autocuidado, aquí tienes algunas preguntas que podrías explorar y a las que podrías recurrir a menudo.

1. Alimentarte lo suficiente y comer alimentos nutritivos.
   ¿Qué comes durante el día? ¿Comes bastante? ¿Los alimentos te están nutriendo y te hacen sentir satisfecho? ¿Tomas alimentos que permitan que tu cuerpo se sienta en su mayor esplendor? ¿Desayunas lo suficiente como para tener energía toda la mañana? ¿También comes alimentos que te den confort y alegría? (No soy nutrióloga, así que si necesitas más información acerca de los hábitos alimentarios y de una buena alimentación, ¡por favor, consulta a un experto!)
2. Beber mucha agua y mantenerte hidratado.
   ¿Bebes agua a lo largo del día? ¿Te mantienes hidratado? Si no, ¿qué necesitarías para hacerlo? Olvidamos lo importante que es el agua para nuestro bienestar. Somos un 90 % agua, ¡así que necesitamos mucha!
3. Dormir y descansar lo suficiente.
   ¿Cuántas horas necesitas dormir normalmente para sentirte descansado? ¿Las estás durmiendo? Si no, ¿qué te lo impide y qué podrías cambiar para priorizar tus horas de sueño y de descanso?
4. Mover el cuerpo.
   ¿Mueves el cuerpo cada día, con cualquier ejercicio, en la medida en la que te resulta posible? ¿Haces estiramientos y fortaleces tu chasis? ¿Enfocas tu salud física de forma autocompasiva, en vez de castigarte? Si no, ¿qué necesitas para cambiarlo?
5. Tener conexiones enriquecedoras y estar involucrado en la comunidad.
   ¿Te relacionas regularmente con las personas que hay en tu vida? ¿Te sientes apoyado? ¿Reservas tiempo para la conexión social? Si no, ¿qué necesitas para poder cultivar tus conexiones?

Las cinco necesidades básicas

1. Alimentarte (y comer suficiente).

2. Estar hidratado.

3. Dormir y descansar lo suficiente.

4. Mover el cuerpo.

5. Tener relaciones enriquecedoras.

Es más probable que pongamos en práctica aquello que nos brinda un apoyo emocional si nos sentimos bien físicamente. Por eso, atender a nuestras necesidades básicas debería ocupar las primeras posiciones en nuestro *ranking* de prioridades. Créate una lista o algún tipo de recordatorio en algún lugar al que prestes atención para tener un empujón de apoyo y continuar estas sencillas prácticas que hacen que te sientas lo mejor posible.

DOS CUESTIONES QUE TIENES QUE PLANTEARTE ANTES DE EMPEZAR

Aunque necesitamos algo distinto para reformular nuestras historias, desaprender, crecer y sanar, creo que hay dos condiciones importantes y esenciales que nos permiten empezar el proceso. Yo me las planteo como los fundamentos de sanar, lo que necesitamos antes de empezar a construir. Igual que con una casa, unos buenos cimientos evitan que se pueda caer. Estas condiciones nos brindan apoyo mientras pasamos de las antiguas historias a las nuevas.

- **Seguridad:** tener un espacio seguro tanto en nuestro interior como en el exterior para explorar, reformular e integrar nuestra historia.
- **Predisposición:** estar dispuesto a asumir una nueva historia, más alentadora.

Así que, antes de continuar, pregúntate: «¿En qué condiciones están mi seguridad y mi predisposición? ¿Cómo sé cuándo estoy a salvo y cuándo tengo una actitud predispuesta? ¿Cómo puedo arraigar estas condiciones para crear una mayor capacidad de sanación?».

Seguridad

Mi marido y yo fuimos hace poco a hacer una excursión cerca de Oakland. Empezamos a subir por un nuevo sendero cubierto de árboles, con la niebla que se cernía sobre las colinas que nos rodeaban y la luz de la mañana que se colaba entre la vegetación. Estaba segura de que ese camino nos conectaría con el sendero principal... en algún momento. Después de subir y subir y subir durante un kilómetro y medio, acabamos en la cima, y todo lo que encontramos fue un camino sin salida y una planta energética abandonada.

El corazón me empezó a latir cada vez más rápido y noté que estaba entrando en pánico. Pensé: «¡Hemos caminado tanto para nada! ¡Ahora estaremos demasiado cansados para llegar a las partes más bonitas! ¡No puedo creer que nos hayamos perdido por mi culpa!». Mi mente se comenzó a inundar con historias basadas en la vergüenza, sigilosa pero perceptiblemente; en concreto, una historia que me decía que no podía hacer nada bien, que corroboraba mi creencia arraigada de no ser suficiente. Sé que así escrito suena dramático, pero cuando estamos justo en el centro de nuestras historias, percibimos estos pensamientos como algo profundamente verdadero.

Unos segundos más tarde, decidí pararles los pies sin más dilación. Inspiré y expiré profundamente.

Le puse nombre en voz alta a la historia que estaba sintiendo («me estoy diciendo que no puedo hacer nada bien y esto es una demostración de que no soy suficiente»).

La formulé con un poco más de precisión («me perdí..., como le pasa a todo el mundo de vez en cuando. No pasa nada. Estoy bien»).

Me sentí aliviada al momento. Me reí por lo tensa que me había hecho sentir un error tan sencillo. Mi pareja y yo bajamos de la colina y regresamos al punto de inicio. Volvimos a empezar y el verdadero sendero acabó siendo mucho más bonito y exuberante que el primero.

Unos años atrás, este momento hubiera derivado en una crisis monumental, una retahíla de autocríticas, una cara roja como un jitomate de vergüenza y la decisión de regresar a casa porque, ¿para qué molestarse en seguir? Por aquel entonces no me sentía lo suficientemente segura para hacer algo diferente. Pero ese día me sentí lo bastante segura para reconocer la historia que me estaba contando y cambiarla.

La verdad es que no podemos hacer mucho cuando no nos sentimos a salvo, porque si existe la mínima sensación de peligro, nuestro sistema nervioso y nuestro cuerpo responden de tal manera que nos mantienen fuera de combate. Entre las respuestas se incluyen luchar, huir, quedarse congelado y adular. Todas ellas se activan para protegernos. Si has experimentado algún trauma, estas respuestas puede que se activen con más frecuencia o que permanezcan de forma más duradera (hay muchísimas personas que han explorado estas respuestas a fondo, como Bessel van der Kolk, Deb Dana, Peter A. Levine, Janina Fisher y Pat Ogden entre otros; te recomiendo encarecidamente que leas sus trabajos para indagar más sobre el tema si es algo a lo que te has tenido que enfrentar). La seguridad es siempre nuestro objetivo innato; hacemos lo que sea necesario para poder mantenernos a salvo. De hecho, tal y como he comentado antes, sentir que no se está a salvo es a menudo el motivo por el cual se forman determinadas historias: como una manera de protegernos, de mantenernos conectados, conservando la sensación de seguridad.

Hay tres aspectos que tener en cuenta para mantener la seguridad. En primer lugar, la seguridad interior. Esto incluye un sistema nervioso regulado para que no entres en modo «luchar, huir, congelarte o adular». Significa reconocer cuándo estamos saliendo de nuestra *ventana de tolerancia*, un término acuñado por el profesor de Psiquiatría Dan Siegel, que describe nuestra zona óptima de excitación (no demasiado activos, pero tampoco demasiado apagados), y saber que tenemos las herramientas para volver a un estado neutro cuando nos pase. También incluye la seguridad externa, que empieza por estar en un entorno seguro. Significa saber adónde podemos acudir si pasa algo. Por último, incluye la seguridad relacional. Necesitamos gente de la que podamos depender, personas que nos apoyen, con quienes conectar y que nos hagan espacio. Percibir estos tres aspectos de la seguridad en la vida es una práctica empoderadora y nos sirve de recordatorio de las maneras en las que te puedes brindar apoyo o en las que puedes recibirlo. Ese día, de excursión, sentí una sensación de seguridad interna que me permitió utilizar las herramientas necesarias para devolverme a mi ventana de tolerancia. Respiré profundamente. Sentí una sensación externa de seguridad porque me fijé en mi alrededor y vi que no había nada que pudiera hacerme daño. Y sentí una sensación de seguridad relacional. Mi marido estaba allí para recordarme que estaba bien. Experimentar seguridad me permitió atravesar más fácilmente la historia que me estaba contando y crear una historia nueva.

¿Qué aspecto puede tener la seguridad a la hora de explorar tu historia?

- Asegurarte de que tus necesidades básicas están cubiertas y atendidas a diario.
- Mantener el sistema nervioso lo más estable que te sea posible y confiar en que sabes volver al punto neutro cuando experimentas una desregulación.
- Tener actitudes y prácticas (respiración, movimiento, conexión, rituales, fundamentos, aflojar el ritmo, dejar que el entorno te oriente, practicar mindfulness, masturbación, etcétera) para volver a tu ventana de tolerancia.
- Sentirte visto y escuchado por las personas con las que exploras tus historias.
- Confiar en que los demás sostendrán tu historia con compasión y aceptación.
- Reconocer lo que te hace sentir seguridad y lo que no.

- Saber que puedes lidiar con lo que se te presente cuando explores tu historia, siendo consciente de que hay cuestiones más allá de lo que has conocido hasta este momento.

Cuando explores qué aspecto puede tener y cómo te puede hacer sentir la seguridad en tu caso, te animo a hacer una lista de las personas con las que te sientes a salvo mostrando tu yo completo. ¿Quién ve tu yo completo y sigue mostrando compasión? ¿Con quién puedes compartir tus facetas más oscuras? ¿Quién te quiere independientemente de lo que hagas o de cómo te expongas?

Plantéate también estas preguntas: ¿dónde te sientes más seguro? ¿Cuándo te sientes más seguro? ¿Cómo sabes que estás a salvo? ¿Cómo notas la seguridad en tu cuerpo? Conocer tu relación con la seguridad y comprender cómo la percibes es una práctica continua que requiere nuestro compromiso compasivo.

Si necesitas más apoyo para explorar qué aspecto tiene la seguridad en tu caso, hay tipos específicos de terapia que te podrías plantear explorar:

- Somatic Experiencing®, un tipo de terapia que utiliza el cuerpo para acceder a la curación (*somático* significa «perteneciente o relativo al cuerpo»).
- Terapia de desensibilización y reprocesamiento por movimientos oculares (EMDR por sus siglas en inglés), que no requiere que se hable.
- Psicoterapia sensoriomotriz, que mezcla técnicas basadas en el pensamiento y técnicas basadas en el cuerpo.
- *Brainspotting*, que accede a las partes más profundas de tu cerebro utilizando la posición de los ojos.
- Terapia cognitivo-conductual centrada en el trauma (TF-CBT, por sus siglas en inglés), que como su nombre indica, utiliza técnicas de la terapia cognitivo-conductual de una forma que se centra en el trauma.

- Prácticas ancestrales y antiguas prácticas de sanación por parte de personas afrodescendientes, indígenas y de color.

Otras prácticas somáticas que te pueden ayudar son las siguientes:

- Trabajo de respiración, una práctica que utiliza la respiración como un método para procesar y sanar.
- Yoga, incluyendo el yoga centrado en el trauma, que enfatiza la seguridad interior y la capacidad de decisión.
- Movimiento intuitivo, basado en lo que tú percibes como natural y bueno.
- Trabajo corporal, como la terapia con masajes o la craneosacral.
- Baile, de todo tipo.
- Visualización y meditación guiada.

Predisposición

Para poder evaluar tu historia y realmente reformularla, tienes que estar dispuesto a hacerlo: permitirte cambiar, no saber, hacer el trabajo necesario, dejar que sea fácil cuando sea fácil, dejar que sea difícil cuando sea difícil, y probar nuevas maneras de ser, ver y sentir en nuestro interior y en el mundo. Estar predispuesto fomenta que aparezcan posibilidades. Cuando hay predisposición, hay mucho margen para expandirse, crecer y cambiar; margen para convertirnos en quienes realmente somos.

Puede que te digas: «¡Pues claro que estoy predispuesto! ¿Por qué no lo iba a estar?». Sin embargo, la predisposición requiere que vayamos diametralmente en contra de las historias complicadas que hemos estado arrastrando. Para estar predispuestos, tenemos que admitir todas las maneras en las que podemos estar equivocados.

Seguridad: tener un espacio protegido tanto dentro de nosotros mismos como con los demás para explorar, reformular e integrar nuestra historia.

Predisposición: tener la disposición para asumir una nueva historia más alentadora.

Tener predisposición es estar abierto, y estar abierto es respetar lo que ya no funciona. Respetar lo que ya no funciona es contemplarnos profundamente a nosotros y a nuestras vidas y, en vez de optar por defendernos, excusarnos o justificarnos, simplemente reconocer lo que se tiene que cambiar. Cambiar es tomar las medidas necesarias. No es tarea fácil estar predispuesto.

Tener predisposición también es una labor de valientes. Estar predispuesto implica coraje. Significa estar dispuesto a pasar a la acción cuando parecería más fácil permanecer inactivo. Significa estar dispuesto a cometer errores por el camino y a veces incluso fracasar. La predisposición toma nuestra atención continua y nuestra intención para permitir que surjan nuevas maneras de estar con nosotros.

La predisposición se puede expresar de formas discretas; tus pasos no tienen por qué ser grandes para ser significativos. Puede ser algo tan sencillo como pedir una cita para ir a terapia o leer este libro. También puede expresarse a mayor escala, como estar dispuesto a dejar una relación que no te brinda apoyo, ser sincero contigo acerca de tus sentimientos y estar preparado para responsabilizarte de tu sanación.

¿Qué aspecto puede tener la predisposición a la hora de explorar tu historia?

- Estar dispuesto a enfrentarte al posible dolor que surgirá cuando explores tu historia.
- Estar dispuesto a examinar tu historia desde diferentes marcos y prismas.
- Estar dispuesto a modificar la historia que te cuentas a través de mentalidades y prácticas.
- Estar dispuesto a convivir con los retos que surjan mientras modifiques tus historias.
- Estar dispuesto a soltar tus historias.
- Estar dispuesto a dejar de aferrarte a lo que crees que sabías que puede no ser verdad.

- Estar dispuesto a ser sincero con lo que te surja mientras exploras tu historia.
- Estar dispuesto a pedir ayuda, apoyo y asistencia cuando lo necesites.
- Estar dispuesto a experimentar la incomodidad del cambio y el crecimiento.

A medida que explores el aspecto que podría tener tu predisposición en tu caso y cómo podrías sentirla, puede que te ayude comprobar qué te puede ofrecer. ¿Qué te espera al otro lado, tras hacer esta labor? ¿Por qué es importante para ti? ¿Cómo te puede afectar de forma positiva, brindándote apoyo? ¿Qué inspira tu predisposición? ¿Quién es un modelo para ti en lo que concierne a la predisposición y a quién puedes acudir cuando necesites un recordatorio? ¿Cómo puedes valorar tu predisposición de manera modesta, pero también a lo grande? ¿Cómo puedes mantenerte arraigado a tu predisposición?

Cuatro actitudes de apoyo

Un amable recordatorio: espero que te sientas orgulloso de ti por el hecho de estar intentando entender cómo puedes modificar las historias conforme surgen. Es un regalo que te haces, y aunque no nos conozcamos a través de estas páginas, me siento orgullosa de ti por el simple hecho de que estés leyendo este contenido.

Bueno… Sigamos.

Reformular tu historia requiere cultivar las actitudes necesarias para exponerte de nuevas formas. Espero que esto te suponga un alivio (para mí lo es), porque es un recordatorio de que no necesitamos alcanzar un destino concreto o llegar a un punto determinado. No es tanto un proceso único como un compromiso continuo para vivir en la verdad de que eres suficiente tal y como eres.

La consciencia plena, la curiosidad, la autocompasión y las acciones alineadas con fines son cuatro actitudes que nos apoyan en el camino de la sanación. Son actitudes a las que concedo un papel central en mi propia vida. Al principio, se necesita tiempo e intención para adoptar estas mentalidades; tenemos que optar por ellas una y otra vez. Con el tiempo, esas actitudes van dejando de ser una elección y se van convirtiendo en un hábito. Se convierten en una manera de estar con nosotros y de estar en el mundo (ya te contaré más al respecto en la tercera parte).

Las prácticas que comparto aquí me han brindado, tanto a mí como a mis pacientes, un gran apoyo, y me han resultado muy efectivas para adoptar estas actitudes en la vida, pero son infinitas las prácticas a las que se puede recurrir para obtener apoyo. No hay ninguna que sea correcta o incorrecta. Todas son válidas y lo que le hace bien a una persona puede que no le funcione a otra. Lo importante es conectar con nosotros mismos para reconocer lo que nos hace sentir apoyo en nuestro contexto y para nuestras necesidades únicas. Fíjate en cómo encaja cada una de estas actitudes en tu vida. Observa las maneras en las que ya las has utilizado sin ni siquiera darte cuenta de ello. Fíjate en qué situaciones, tal vez, te gustaría introducir estas actitudes de una manera más intencionada, e imagina cómo te pueden apoyar a la hora de acercarte a quien eres realmente.

Consciencia plena

Seguramente habrás puesto los ojos en blanco al leer el concepto de *consciencia plena*. Está bien, lo entiendo, todo el mundo habla de la consciencia plena o del mindfulness últimamente. Pero la verdad es que si se habla tanto del tema es por un buen motivo: tiene el poder de transformar en gran medida cómo nos movemos por el mundo. Ya verás, sígueme la corriente.

Una parte fundamental de reformular tu historia es ser plenamente consciente de las historias que estás arrastrando, cómo te afectan y cuándo aparecen. Pero cuando la gente piensa en las personas que practican mindfulness, normalmente se imaginan a un sabio sentado en la cima de una montaña, con las piernas y los brazos cruzados, los ojos cerrados, en un momento zen total. La verdad es que la consciencia plena es tan sencilla (y tan complicada) como estar presente en el momento, sin juzgar. Todos podemos practicarla sin necesitar ninguna montaña.

El primer contacto que tuve con el mindfulness fue cuando estuve en el hospital, en mi adolescencia, después de intentar acabar con mi vida. Cada día, el resto de adolescentes y yo teníamos que ir a «clase», para aprender sobre temas relacionados con la salud mental. Una de las clases trataba de consciencia plena. Al principio, ese concepto hizo que me encogiera de hombros; no pensaba que fuera para mí. Pensé que era algo reservado para humanos más evolucionados (¿te suena?). Pero a medida que lo hablábamos en clase aprendí que el mindfulness no consistía en alcanzar un estado zen, sino en notar lo que te estaba pasando en el momento. Prestar atención. Presenciar el momento. Observar. Reconocer los pensamientos que surgían en mí y, en vez de obsesionarme con ellos o criticarlos, permitirles que pasaran de largo de una manera natural. Una y otra vez.

A partir de ese momento, me puse a leer cada vez más acerca de la consciencia plena, de la mano de psicólogos como Tara Brach, Rick Hanson y Shauna Shapiro, y practicantes budistas como Jack Kornfield, Sharon Salzberg y Pema Chödrön. Estos maestros me guiaron para entender mejor el impacto que tiene el mindfulness en nuestro cerebro, cuánto apoya a nuestro bienestar y lo útil que es a la hora de convivir con lo complicado y lo bonito a la vez. Actualmente sigo aprendiendo mucho de ellos.

Pronto empecé a practicar la consciencia plena en otros contextos, de formas distintas. Practiqué fijarme en mis pensamientos y darles nombre en vez de creérmelos inmediatamente. Practiqué observar mis pensamientos como si fueran una película proyectada en una pantalla ante mis narices, creando, lentamente, un poco de distancia con lo que se me estaba revelando en la cabeza. Practiqué abordar lo que me estaba pasando en el cuerpo. Cuando adentrarme en mi interior me resultaba abrumador, practicaba la conexión con mi exterior: fijarme en el entorno, escanear la estancia, utilizar todos mis sentidos, elegir qué colores quería buscar, prestar atención a lo que oía… A menudo, aunque el mindfulness interior nos supere, fuera de nuestro cuerpo puede hacernos sentir más seguros.

Practicar la consciencia plena de todas esas formas me apoyó en el proceso de crear un espacio entre lo que pasaba y cómo respondía. En vez de responder directamente desde las historias antiguas, respiraba profundamente. Luego decidía responder desde una historia nueva. Recuerdo una vez, al inicio de mi camino de sanación, que un compañero no estuvo de acuerdo conmigo en algo. La historia que se me apareció en ese momento venía de la creencia de no ser suficiente: «No me aceptarán si hay alguien que no está de acuerdo conmigo». Pero en vez de responder en función de esa historia, creé una nueva que me respetaba: «La gente puede no estar de acuerdo conmigo y seguir aceptándome a la vez». Al hacer una pausa y dejar pasar mi vieja historia, pude entablar una conversación. Al hacerlo, tuvimos una mayor conexión en medio del desacuerdo y se creó la oportunidad de conectar con mi compañero, algo que no habría pasado si hubiera partido de mi antigua historia. Ya ves cómo la consciencia plena nos permite interactuar con nosotros, con los demás y con el mundo de maneras que son generativas en vez de reactivas.

La belleza de la práctica del mindfulness es que no tiene un aspecto único. Cada humano puede implementar su práctica en la vida de formas diferentes (más adelante mencionaré algunas). Las puedes utilizar tanto cuando sientes alegría como cuando sientes mucho dolor. Puedes practicar en cualquier parte, en cualquier momento, por cualquier motivo (o sin motivo alguno). Puedes practicar con otras personas o solo contigo.

La consciencia plena se puede practicar de muchas maneras, pero sus resultados son similares. Nos ofrece la oportunidad de hacer una pausa antes de reaccionar, de bajar el ritmo antes de sacar conclusiones precipitadas, de crear el espacio para notar lo que nos surge por dentro y tener más influencia en la manera en que nos tratamos a nosotros mismos y a los que nos rodean. Y cuanto más lo practicamos, más se convierte en una manera de moverse por el mundo.

La consciencia plena es una manera de moverse por el mundo que fomento plenamente tanto en épocas de crecimiento como en épocas complicadas. Es una forma de moverse por el mundo que también recomiendo a mis pacientes. Los invito a conectar con lo que les pasa en el cuerpo, a practicar el acto de prestar atención a su voz interior sin juzgarse (a menudo la parte más complicada), a bajar el ritmo. Estas herramientas dan mucha información sobre cómo formar una relación intencionada con nosotros mismos, cómo escucharnos y empezar a confiar en nosotros. Si llevas años yendo por la vida sin prestar atención, la consciencia plena puede parecer un desafío. Es importante normalizarla, saber que no pasa nada porque el mindfulness te parezca difícil a veces. A menudo pienso que el hecho de que todo sea complicado es una señal de que estamos haciendo tareas importantes, una señal de que estamos adoptando nuevos patrones, nuevas maneras de pensar y nuevas maneras de ser.

Al principio el mindfulness puede parecer difícil porque cuesta probar algo nuevo. Recuerda que a nuestro cerebro le encanta que todo sea siempre igual. Las prácticas de consciencia plena también pueden parecer duras porque cuando por fin empezamos a prestar atención, percibimos cuestiones que antes tal vez ignorábamos, como la incomodidad o ciertos sentimientos, sensaciones o experiencias complicadas. Pero de la mano de las prácticas del

Qué aspecto pueden tener las prácticas de consciencia plena:

- Notar cuándo reaparecen las historias antiguas.

- Prestar atención a tus reacciones y respuestas.

- Practicar la consciencia de tus sentimientos y emociones.

- Escuchar los mensajes de tu cuerpo, sus necesidades y deseos.

- Practicar respuestas que no juzguen.

- Hacer una pausa antes de reaccionar con patrones automáticos.

- Tomar decisiones conscientes a lo largo del día.

- Volver a estar presente siempre que sea posible.

- Utilizar los cinco sentidos para involucrarte en la vida.

mindfulness llega la oportunidad de exponernos de maneras nuevas y más alentadoras.

Tú has practicado la consciencia plena al elegir este libro. Explorar tus historias, profundizar tu conocimiento de cómo las creaste y ser más consciente de las maneras en que las has estado arrastrando, todo esto es consciencia plena en acción.

Maneras de implementar la consciencia plena

AFLOJA EL RITMO

Afloja el ritmo. Una frase corta que normalmente nos provoca mucha ansiedad. ¿Cómo podemos aflojar el ritmo en una sociedad que va tan rápido?

Aflojar el ritmo es una manera importante de implementar la consciencia plena porque solo lo podemos hacer prestando atención, fijándonos en el ritmo al que vamos y reconociendo cuándo nos estamos acelerando, cuándo estamos yendo demasiado rápido o cuándo estamos viviendo en un estado de emergencia. Nuestra cultura tiende a recompensar las prisas, la rapidez y la urgencia. Nos presiona para que respondamos correos electrónicos al momento, para que contestemos al momento y tomemos decisiones en un santiamén. El hecho de que nuestro mundo gire a toda velocidad no significa que nosotros tengamos que ir con prisa todo el día.

Un apunte acerca del mindfulness relacionado con el trauma: si has experimentado un trauma y las prácticas de consciencia plena o de meditación te resultan especialmente complicadas, no eres el único. Prestar atención a nuestro dolor puede mandar una alerta a nuestro sistema nervioso, lo cual a menudo nos hace sentir como si nos volviéramos a traumatizar. Si te has acostumbrado a atontar o a evitar el dolor, centrarte en tu mundo interior puede ser sobrecogedor. Poco a poco el mindfulness es cada vez más asequible, y practicarlo a través de un prisma que esté familiarizado con el trauma puede ser de gran ayuda. David Treleaven, investigador y autor de *Trauma-Sensitive Mindfulness* (Mindfulness sensible al trauma), es un guía maravilloso al que recurrir si necesitas maneras más delicadas de prestar atención.

Una manera que tengo yo para aflojar el ritmo es salir a la naturaleza a menudo. Cuando salgo a pasear o de excursión, o simplemente pongo los pies en la hierba, recuerdo los ritmos naturales que nos rodean. La naturaleza no va con prisas, y sin embargo todo se mueve como se tiene que mover. Esto me recuerda que puedo crear ritmos más naturales en mí. Puedo soltar la sensación de urgencia y adoptar la idea de que todo lo que se tenga que desvelar tiene su tiempo. Incluso he notado que si hago una excursión o salgo a dar aunque solo sea un paseo corto por la mañana, el resto del día me parece más llevadero. Hay algo en observar la naturaleza que me lleva a aflojar suficientemente el ritmo como para observarme a mí misma, para recordar mi propia naturaleza.

Cuando aflojamos el ritmo, es menos probable que nos apresuremos a la toma de decisiones, a las respuestas o a las acciones, lo cual hace posible que nos expongamos de forma intencionada. Esto nos brinda apoyo en el proceso de reformular nuestras historias, porque cuando aflojamos suficientemente el ritmo como para reconocer lo que pasa y lo que nos está surgiendo por dentro, podemos elegir cómo queremos responder. Podemos elegir vivir basándonos en una nueva historia en vez de en una historia antigua.

Aflojar el ritmo puede ser algo sencillo, como respirar antes de responder una pregunta o hacer una pausa de las redes sociales. Lo implementes como lo implementes, es maravilloso e importante. ¿En qué aspectos podrías ir un poco más lento? ¿Qué tareas puedes completar a un ritmo más bajo? ¿Qué puedes sacar de tu lista de tareas? ¿Cómo puedes encontrar más lentitud en tu vida diaria? ¿De qué maneras podrías crear más oportunidades de generar nuevas historias, nuevas maneras de ser y nuevas maneras de vivir si bajaras las revoluciones?

Encuentra la presencia

¿Cuál es otro de los resultados de aflojar el ritmo? La presencia. El estado de estar totalmente y completamente en el momento, sin vivir en el pasado ni intentar predecir el futuro.

¿Alguna vez te fijaste en que todo parece volverse más claro cuando estás presente? ¿En que el desorden que tienes en el cerebro parece organizarse más naturalmente cuando estás presente en vez de preocupado por cualquier cuestión ajena al momento en el que te encuentras? El poder de la presencia nos ofrece oportunidades maravillosas para estar con nosotros aquí, ahora.

Para muchas personas, la presencia es algo desafiante, porque estar presente significa fijarte en lo que está pasando, en lo bueno y en lo difícil. Significa ser consciente de cómo nos influyen los acontecimientos y presenciar lo que surge en nosotros. Y a veces significa percibir sentimientos dolorosos. Pero así tenemos un mayor acceso a quienes somos, en vez de a quienes éramos. Podemos plantearnos cómo queremos tratarnos, cómo queremos que nos traten los demás y partir de allí para responder. Todo pasa en el presente. Es en el presente donde tenemos margen de decisión acerca de cómo queremos responder a continuación. El presente tiene el poder.

Cuando te plantees encontrar la presencia, te animo a que explores qué aspecto tiene en tu vida y cómo te hace sentir. ¿Cómo sabes que estás totalmente presente? ¿A qué tienes acceso cuando estás presente? ¿Qué te impide encontrar la presencia? ¿Qué hace que sea complicado y qué hace que sea fácil? ¿Cómo crees que te apoyaría el hecho de encontrar presencia en el proceso de recordar la verdad de quién eres? ¿De qué formas podrías crear más oportunidades de generar nuevas historias, nuevas maneras de ser y nuevas maneras de vivir si encontraras la presencia?

Fomenta la gratitud

Cuando estamos presentes, somos más capaces de ver todo con claridad. Podemos encontrar las chispas de alegría, los momentos de bondad y las pruebas de que somos más que nuestras historias más complicadas. Fomentar la gratitud nos ayuda a ver todo esto con más facilidad.

De pequeña me decían continuamente que tenía que estar agradecida porque me hubieran adoptado. A veces estaba agradecida. En otras ocasiones, no. Pero tenía la sensación de que tenía que moldearme para ser una versión de mí que siempre estuviera agradecida, a pesar de que me hubieran separado de la persona que me trajo al mundo y de mi linaje. Estas experiencias me dieron un sabor muy amargo de la gratitud.

Muchas veces se habla de la gratitud como una manera de cubrir lo que es difícil, como cuando yo me sentía dolida por haber perdido a mi familia biológica. La frase «¡Deberías estar agradecido!» puede ser despectiva desde nuestra experiencia real y nuestros verdaderos sentimientos. Para mí, este tipo de gratitud es una gratitud forzada, no es ni real ni sostenible. De hecho, forzar la gratitud nos puede desconectar aún más de nuestra verdad, potenciando las historias que estamos intentando soltar.

En el máster, empecé a descubrir las investigaciones en torno a la gratitud. Al principio tuve una reacción un poco áspera al respecto a causa de mi propia experiencia con la gratitud forzada. Pero poco a poco me di cuenta de que «gratitud» no quería decir estar agradecido por todo, sino sentirse agradecido por algo.

Lo más poderoso de la auténtica gratitud es que su objetivo no radica en cubrir lo difícil, sino en recordarnos qué más hay aparte de lo difícil. Esto es ese algo. Tiene que permitirnos ver qué más está pasando, qué más es posible y qué más es cierto. En realidad es consciencia plena en acción, estar dispuesto a prestar atención a lo bueno, a la belleza, a la alegría que ya está allí cuando aflojamos el ritmo y estamos lo suficientemente presentes como para darnos cuenta de ello.

Nuestro cerebro está programado para ver lo negativo, lo cual nos ayuda a evaluar el peligro y a sobrevivir. Pero la vida se complica cuando nos fijamos constantemente en lo negativo. La práctica de la gratitud nos permite entrenar nuestro cerebro para salir de ese sesgo y percibir también lo bueno. Esto no significa que tengamos que forzar la gratitud cuando no nos parece natural. Lo que significa es que tenemos acceso a la gratitud cuando lo queremos o cuando lo necesitamos, y es un recurso y una práctica que pueden beneficiar nuestra sanación.

Mi relación con la gratitud ha cambiado la manera con la que me trato a mí y trato al mundo. Me permite acceder a la fascinación y al asombro (ambos muy importantes para mí). Me permite no ser absorbida por la narrativa de que todo es terrible cuando parece complicado. Me permite recordar todo lo bueno que convive con el dolor. Me mantiene con los pies en el suelo sin negar las partes más complicadas de ser humana.

¿Cómo es tu relación con la gratitud? ¿Cómo has practicado la gratitud en el pasado? ¿Qué percepciones u opiniones te vienen a la cabeza cuando piensas en la gratitud? ¿Cómo podrías introducir (o seguir practicando) la gratitud en tu vida diaria? ¿De qué maneras podrías crear más oportunidades de generar nuevas historias, nuevas maneras de ser, nuevas maneras de vivir si fomentaras la gratitud?

CURIOSIDAD

La curiosidad se define como un fuerte deseo de saber algo. Para mí, la curiosidad es una mentalidad que nos invita a estar más abiertos en nuestras vidas. Curiosidad: un camino interior hacia lo que es posible, y un camino desde el que parto en mi vida.

Una pregunta alternativa si la palabra gratitud te parece demasiado pesada: «¿Qué me ha hecho sentir bien hoy?».

La consciencia plena o mindfulness nos ayuda a parar para fijarnos en qué historias nos estamos contando, mientras que la curiosidad nos ayuda a averiguar por qué nos estamos contando esas historias. Nos ayuda a abrirnos ante la posibilidad, la elección, las nuevas perspectivas y la magia y el misterio de ser humanos. Plantéate preguntas que te lleven a investigar sobre ti. Explora diferentes maneras de ver las historias que has creado. Practica utilizando un punto de vista más amplio cuando te mires. Así es como podemos explorar alternativas, nuevas ideas, diferentes maneras de sostener todo, nuevos prismas a través de los que ver las experiencias.

La curiosidad nos ayuda a salir de los patrones automáticos, lo cual nos invita de manera natural a expresarnos de diferentes formas. Siendo alguien que se ha pasado años nadando en autocríticas, la frase «activa la curiosidad» me parece transformadora. Cuando quiero adoptar la curiosidad como mentalidad, me hago preguntas.

Aquí tienes algunas de las que me planteo y que pregunto a mis pacientes:

- ¿De qué otra forma se podría interpretar esto?
- ¿Qué otra opción sería posible?
- ¿Qué más podría estar pasando?
- ¿Qué puedo estar perdiéndome?
- ¿Qué se me puede haber pasado por alto?
- ¿Cómo puedo examinar más en detalle esto que estoy viviendo?
- ¿Cuál sería una manera más llevadera de sostener esta historia?
- Me planteo qué pasaría si _____.
- ¿Cómo puedo generar espacio para que algo más sea cierto?
- ¿En qué punto podría estar afirmando algo como un hecho cuando tal vez solo fuera una historia que me estoy contando?

Solo con plantearte estas preguntas, permites que surjan otras maneras de pensar y sentir. Leer estas preguntas crea la posibilidad de generar respuestas, aunque no las tengas aún.

La curiosidad me ha permitido examinarme desde diferentes ángulos, diferentes perspectivas y diferentes prismas, y todos ellos me han enseñado nuevas formas de sostener mis experiencias, creencias e historias. Creo que la curiosidad es una invitación natural al resto de lo que podría ser, lo cual ofrece un rayo de esperanza. Es una oportunidad para ver cómo sería vivir de manera diferente, en la que se brindara apoyo a tu yo completo y no solo de forma que nos quedemos pequeños, atascados o estancados.

Siempre (bueno, no siempre, pero siempre que puedo, ¡porque soy humana!) que empiezo a contarme una historia antigua, intento plantearme algunas de las preguntas que mencioné en la página 126. Cuando lo hago, empiezo a reconocer dónde es posible que me esté equivocando. Y desde allí puedo expresarme mostrándome más apoyo, lo cual transforma por completo el momento.

Incluso hoy. En mi trabajo, por ejemplo, a menudo comparto información en fragmentos o pedacitos para ayudar a los demás a seguir sanando. Durante mucho tiempo, estuve trabajando en un curso que presentara esa información en un formato distinto. Dudaba si compartirlo. Me contaba una y otra vez una historia que decía que mi curso no era lo suficientemente bueno, que lo tenía que hacer mejor antes de compartirlo («hola, perfeccionismo»). Repetirme esa historia evitó que compartiera ese curso durante muchos meses. Me di cuenta de que la historia desde la que estaba viviendo no me permitía avanzar, así que alenté mi curiosidad. Por fin me permití preguntarme algunas de esas preguntas. Me pregunté: ¿qué más podría pasar si compartiera ese curso? Pensé que podía ayudar a varias personas, incluso si no era perfecto (y lo volveré a decir, nada es perfecto; nadie es perfecto). Finalmente he compartido el curso, y la experiencia está yendo mucho mejor de lo que

Qué aspecto podría tener la curiosidad:

- Preguntarte qué más podría ser verdad.

- Fijarte en qué historia te estás contando y preguntarte por qué puede que esté allí.

- Utilizar diferentes prismas para ver las situaciones.

- Aportar otros puntos de vista.

- Explorar tus sensaciones, emociones y sentimientos.

- Formular nuevas preguntas y explorar alternativas.

- Estar dispuesto a dejar que las cosas se desarrollen de forma distinta.

- Estar abierto a que pase algo nuevo.

esperaba. Este es un ejemplo muy básico, pero demuestra cómo podemos pavimentar el camino con la curiosidad para que aparezcan nuevas historias y nuevas maneras de vivir.

Suena muy simple, pero empapar nuestras vidas de curiosidad es una práctica que no siempre parece fácil (porque pocas veces lo simple es fácil). Pero cuando lo practicamos de manera regular, nuestras mentes empiezan a vislumbrar nuevas historias en vez de aferrarse a las antiguas. Estamos más cómodos explorando que asentándonos. La curiosidad es la antítesis de estar estancado y es una invitación a un mundo de posibilidades.

(Por cierto, has practicado la curiosidad al decidir leer este libro. Has seguido un pálpito, un instinto, una curiosidad... ¡buen trabajo!)

Otras maneras de implementar la curiosidad

Recibe la admiración con los brazos abiertos

Cuando pienso en qué momentos me siento asombrada con más frecuencia, pienso en cuando estoy en la naturaleza. En la naturaleza, tiendo a observar todo lo que me rodea más despacio. Observo cómo la luz se refleja en las diferentes superficies. Observo cómo gotea el agua y cómo resplandecen los helechos. Observo cómo suena el viento en las diferentes zonas. Observo lo diferentes que son las plantas cada vez que voy al mismo lugar. Y me pregunto por qué. Luego lo busco en internet o se lo pregunto a algún amigo que sepa del tema, o leo un libro que me lo pueda explicar. Y, con este proceso, alcanzo nuevas percepciones. Veo las cosas de nuevas maneras. La admiración nos abre las puertas a nuevo conocimiento. También nos permite practicar la sensación de no saber, de aceptar que es posible que haya cuestiones que nunca sabremos, de mantener la curiosidad acerca de lo desconocido.

Lo mismo pasa cuando aceptamos la admiración en nuestro interior. La admiración es aceptar el misterio, lo desconocido, el asombro y las preguntas, y explorar con un corazón curioso. Se trata de enriquecer lo que puede que nunca entendamos por completo. Se trata de presenciar la incertidumbre con respeto. Se trata de valorar las profundidades de nuestro ser como algo mágico y asombroso. Se trata de ver el milagro. Cuando le abrimos las puertas a la admiración, nuestras historias antiguas se quedan con los brazos atados. Creamos caminos que nos pueden llevar a crear una nueva historia y una nueva vida. La admiración es un camino hacia algo mejor.

Ejercita la elección

Una de las partes más importantes de ir adelante y exponernos a nuevas maneras es reconocer que tenemos el poder de decisión en todo momento. La curiosidad nos ayuda a recordar las opciones que tenemos.

No podemos elegir sentirnos de una manera determinada automáticamente. Pero podemos elegir cómo responder. Podemos elegir qué acción emprender. Podemos elegir la historia que nos contamos sobre nosotros. Puede que sientas que la manera en que te respondes es «la manera que hay». La verdad es que te podrías responder de muchas maneras distintas. Puedes decidir decir: «Tiene sentido que me cueste tanto», en vez de «¿pero qué me pasa? ¡Esto no me debería costar tanto!». Puedes decidir pedir ayuda en vez de intentar hacerlo todo tú solo. Puedes elegir practicar nuevos hábitos en vez de dar por sentado que nunca cambiarás. Puedes elegir defender tu voz ante los demás estableciendo límites en vez de sentirte constantemente resentido. Tenemos poder de decisión en muchos aspectos.

Pero esto puede ser especialmente complicado si en el pasado te han privado del poder de elección. Puede ser doloroso darte permiso para elegir después de tener la sensación, durante tanto tiempo, de que no tenías elección. Si de pequeño no tuviste más remedio que mantenerte modesto y callado, puede resultarte difícil recordar que ahora sí puedes decidir. Si no tuviste más elección que mantener tus sentimientos silenciados, puede que te resulte difícil darte cuenta de que ahora los puedes compartir. Si no tuviste más alternativa que dejar que te trataran de una manera determinada, puede que te resulte difícil darte cuenta de que puedes elegir si lo quieres seguir permitiendo o ya no. La falta de poder de decisión en el mundo que nos rodea puede paralizarnos fácilmente haciendo que sintamos que no podemos decidir nada de nada.

Utiliza la curiosidad para descubrir qué elecciones tienes realmente, que puede que antes no hubieras reconocido. Por ejemplo, si de pequeño no tuviste más elección que mantenerte modesto y callado, ¿qué puedes elegir ahora? ¿Tienes alguna manera de decidir que te vean y conozcan los demás? ¿Cómo podrían brindarte apoyo tus decisiones a la hora de reformular tu historia? Sé curioso acerca de las decisiones que quieres tomar por ti mismo.

PRACTICA LA AUTOCONFIANZA

Mencioné que cuando iba a la escuela me encomendaron hacer un árbol genealógico. Yo quería incluir desesperadamente a mi madre biológica en el árbol, aunque no la conociera. Ella también formaba parte de mi árbol. Pero cuando se lo dije a mi profesora, me contestó: «¡Solo tienes que incluir a tu familia de verdad! Solo tienes una madre». Y esto no se lo había contado nunca a nadie.

Esa tarea me dejó un regusto de desconfianza acerca de lo que pensaba que tenía que estar en mi árbol. Iba en contra de mi idea de que tenía una familia biológica en alguna parte y de que eran importantes para mí. Y sí me importaban a pesar de que me dijeran que no deberían importarme. Yo quería que no me importaran, como me decían. Me planteé si había algo en mí que no funcionaba y me empecé a cuestionar mis propias creencias, deseos y necesidades. Con el tiempo, cada vez me costaba más confiar en mí por cualquier cuestión. Parece increíble cómo una experiencia aparentemente tan sencilla de tan joven pudo ahondar mi falta de autoconfianza de tal manera.

Todos tenemos momentos así. Me imagino que podrás pensar por lo menos en un ejemplo sacado de tu propia vida, algún momento en el que sentiste algo concreto pero te dijeron que ese sentimiento era erróneo, que tenías que apartarlo o ignorarlo. Estos mensajes nos enseñan a desconfiar de nuestra propia intuición, sabiduría y conocimiento. Ser conscientes de por qué nos ha costado confiar en nosotros mismos hace que nos resulte más fácil desarrollar esta habilidad, incluso cuando nos puede parecer difícil. Cuando recordamos que cultivar la autoconfianza es una práctica formada por las acciones de cada momento, podemos empezar a practicarla de manera que respete nuestra brújula interior, nuestras necesidades, nuestros deseos y nuestra sabiduría.

Al validar mis propias experiencias internas, tal y como he explicado en la primera parte, fui capaz de valorar mi propia verdad en vez de negarla, de aceptar mis propios sentimientos en vez de esconderlos, de confiar en mis propias respuestas en vez de criticarlas. Con el tiempo y mucha práctica, estos pequeños momentos de valorarme a mí misma me han llevado a un nivel más profundo de autoconfianza. La curiosidad implica que te hagas preguntas sobre ti mismo, para ti. La autoconfianza te permite aceptar el lugar adonde te llevarán estas preguntas.

Como muchas de otras partes de este libro, la autoconfianza es una práctica. Puede ser tan sencilla como echar un vistazo a tus necesidades y hacer algo para satisfacerlas. Prestar atención a cómo te sientes y validarlo. Clarificar tus creencias y mantenerte firme con ellas. Fijarte en tus inclinaciones, instintos e intuición y decidir acercarte en vez de alejarte.

AUTOCOMPASIÓN

¿Te hablas a ti mismo de la manera que le hablarías a un ser querido?

Muchos de nosotros no aprendimos a hacerlo de pequeños, sino que aprendimos a criticarnos, a interiorizar las voces que tal vez nos avergonzaban.

En pocas palabras, la autocompasión es el acto de mostrarnos compasión incluso en medio de situaciones desafiantes y de fracaso. Es permitirnos ser imperfectos sin que esto signifique que somos malos. La doctora Kristin Neff ha dedicado su investigación a esta idea que nos puede cambiar la vida. Afirma que «cuando nos brindamos compasión, se empieza a disolver el tenso nudo de autocrítica y es sustituido por una sensación de aceptación pacífica y conectada, un brillante diamante que emerge del carbón». Junto con el psicólogo Chris Germer, Kristin ha sido una profesora abanderada en este trabajo.

Yo no aprendí acerca de la autocompasión hasta que entré en el máster (esto nos demuestra lo limitado que es a menudo nuestro acceso a este tipo de información). A continuación estudié todos sus beneficios: reducción de la ansiedad y de la depresión, aumento de la motivación y de la habilidad de aprender de los errores, mayor resiliencia emocional y mayor curiosidad, entre otros. Pero tenía un crítico interior dominante, así que acercarme a la autocompasión me pareció un reto al principio. Puede que tú también te plantees cuál es la respuesta compasiva que te ofreces, si estás acostumbrado a machacarte por cada detalle. Tal y como dije antes, anhelamos seguir igual y nos sentimos más seguros cuando todo es cómodo (aunque no necesariamente sea bueno). Por eso, continuar con esta práctica requiere consistencia y dedicación, incluso cuando la sensación que nos aporta no es buena.

Por lo menos así es como me sentía yo. Poco a poco, empecé a fijarme en mi crítico interior con más intención. Empecé a cuestionar si quería seguir hablándome de esa forma o ya no, y qué función estaba cumpliendo que me beneficiara a mí. Antes pensaba que no lograría nada si siempre era compasiva conmigo, que no tendría motivación o fuerza de voluntad o capacidad de ser productiva. Pensaba que mis críticas me estaban manteniendo a raya, de alguna forma. Que si me castigaba lo suficiente, de algún modo acabaría haciendo lo que creía que tenía que hacer. En el máster, esto se traducía en que me repetía a mí misma que mis trabajos eran malos como herramienta para mejorar. O en que insistía en que no era suficientemente buena para intentar ser «mejor». Los sistemas en los que vivimos también replican esta idea de «amor severo». Nos enseñan a creer que ser duros con nosotros mismos y con los demás generará cambios.

Pronto me di cuenta de que, en realidad, tenemos más capacidad de asumir responsabilidades y de hacer todo cuando operamos con autocompasión. Cuando creamos una sensación de seguridad en nuestro interior es más probable que nos arriesguemos, que hagamos lo que nos importa, que lo intentemos. La autocompasión nos brinda apoyo para crear esa sensación de seguridad: en vez de saber que nos castigarán por ser humanos, empezamos sabiendo que nos ofreceremos bondad y cuidado, pase lo que pase. Puede que te sorprendan los resultados que obtienes cuando no estás bajo presión.

Una de las mayores ventajas de la autocompasión, y una de sus características más transformadoras, es que nos permite crearnos un hogar seguro en nuestro interior, donde no pasa nada si te equivocas. Estás seguro a pesar de cometer errores. A pesar de arruinar todo. A pesar de experimentar nuestros defectos en voz alta. Cuando albergamos un pozo de castigo, reprobación, autocrítica u odio, hacemos lo que está en nuestras manos para evitar nuestra propia ira. Hacemos cuanto es posible para evitar la verdad de que somos imperfectos. Evitamos conversaciones, dudamos de si exponernos, de si dar media vuelta y desaparecer. Nos escondemos para protegernos de nosotros mismos. Pero cuando sabemos que nos cubriremos las espaldas a nosotros mismos, cuando sabemos que no nos castigaremos, cuando sabemos que recordaremos nuestra bondad (incluso cuando hagamos algo que desearíamos no haber hecho, o cuando no sepamos algo o cuando no seamos conscientes de algo), entonces es mucho más seguro intentar hacer algo. Y aprender. Y avanzar. Y exponernos. Y hacer algo. Y comprometernos. E ir hacia adelante.

La autocompasión se ha convertido en un pilar de mi práctica personal. Es una de las partes más importantes de mi proceso de sanación. Aún tengo momentos en los que soy crítica conmigo (repito, soy humana). Pero la autocompasión me permite fomentar una relación conmigo que sea revitalizadora en vez de sancionadora. Es especialmente útil en el proceso de reformular las historias. Si noto que me está llegando una historia antigua, como «no soy suficiente, es mejor que empequeñezca», en vez de enojarme conmigo por ceder momentáneamente ante mi historia de nunca ser suficiente, la percibo (consciencia plena) y me pregunto qué alternativa podría ser cierta (curiosidad) y luego me recuerdo lo duro que se vuelve todo cuando aparece esa historia. Me recuerdo a mí misma que no soy la única que de vez en cuando olvida la verdad de quién soy. Me repito que sigo siendo suficiente y que sigo siendo buena, incluso cuando lo olvido. Todo esto es autocompasión. Ofrecerme compasión hace que me resulte más fácil recordar la historia desde la que quiero vivir, la historia de ser suficiente, de ser capaz, siempre.

Esta práctica me ha permitido separarme de algunos de los mensajes que he recibido de forma externa. Me ha recordado que no tengo que quedarme estancada en las viejas historias, que puedo decidir hablarme y tratarme de forma compasiva, lo cual siempre me hace sentir mejor y más alineada con mis valores.

Un maravilloso efecto secundario de practicar la autocompasión es que me ha permitido practicar una mayor compasión con los demás. Es muy difícil ser compasivo con los otros cuando tú te estás flagelando constantemente. Es difícil ver la humanidad en los demás cuando te niegas a verla en ti. Y es difícil sentarse con otros humanos, con todas sus cuestiones y cargas, si te parece imposible darte permiso para sentarte con lo tuyo sin dejar de calificarlo como malo, erróneo o defectuoso.

Cuando empecé a trabajar de terapeuta, tenía poca compasión conmigo. Convertía todas las sesiones con mis pacientes en razones por las cuales yo no era suficiente. Me criticaba por hacerlo mal, por escudriñar en exceso mi «rendimiento» y me cuestionaba cada palabra que decía; todo esto hizo que me resultara muy difícil estar verdaderamente presente al cien por ciento. Esto, sin quererlo, dañaba el trabajo que estaba haciendo en terapia. El hecho de poner mi sentido de autoconfianza en manos de otra persona es una manera de poner presión innecesaria en manos ajenas. ¿Con qué frecuencia utilizamos a los demás para calibrar nuestra valía? ¿Cómo podemos estar presentes con otras personas si estamos tan concentrados en los momentos en los que no estamos a la altura?

La autocompasión no solo transformó mi vida personal sino también la profesional. Puedo valorar mis errores sin decirme a mí misma que soy un error. Y como he generado espacio para aceptar mi humanidad, ahora soy más capaz de experimentar la humanidad de la persona que tengo sentada delante. He aprendido a estar con gente sin tener intenciones ocultas y sin esperar inconscientemente que satisfagan mis necesidades con lo que les ocurrió a ellos. Un regalo para mí y para las personas con las que trabajo.

Ser un referente de autocompasión con mis pacientes es un elemento importante de mi trabajo como terapeuta. Les respondo de la manera que se merecen que les respondan en cualquiera de sus vivencias: con bondad afectuosa, compasión, aceptación, empatía y una mirada positiva. Muchos de mis pacientes no recibieron este tipo de respuesta de pequeños, y aceptarla en el presente les puede resultar incómodo. Parece muy simple, pero permitirnos recibir compasión de otra persona es bastante difícil si no la hemos recibido antes. Que los pacientes normalicen esta incomodidad y compartan por qué puede parecerles desafiante aporta otra capa de compasión. Y cuando actuamos partiendo de esta bondad, se abre una brecha hacia nuevas posibilidades. Un cambio de rumbo. El desarrollo de una nueva historia, una historia que les cuenta que son suficiente (incluso cuando se equivocan y se adentran en la incertidumbre y se sienten tristes), una nueva manera de ser.

Otras maneras de implementar la autocompasión

PRACTICAR LA ACEPTACIÓN RADICAL

Dolor + resistencia = sufrimiento; es este un dicho budista que oí por primera vez a Tara Brach.

Durante gran parte de mi infancia y juventud me resistí al dolor derivado de ser adoptada. Lo empujaba y reprimía en lo más profundo de mi ser, como si esto fuera a hacerlo desaparecer. Aunque en ese momento no lo sabía, resistirme al dolor lo estaba haciendo empeorar. Resistirme al dolor me hacía sentir mal por estar sintiéndolo, lo cual me llevaba a sentirme avergonzada, lo cual me hacía sentir aún peor acerca de mi dolor. ¿Ves lo rápido que los ciclos del dolor y de la resistencia impiden que aceptemos nuestra humanidad? No nos permiten tener compasión por lo que no aceptamos.

Recuerdo estar sentada delante de un terapeuta en un centro de tratamiento residencial en el que me quedé unas semanas a los quince años, después de que me ingresaran por segunda vez. El terapeuta me estaba diciendo que tenía que permitir la presencia de mi dolor, mis sentimientos y mi historia. Una de nuestras prácticas de aquella semana fue percibir lo presente y permitirlo, percibirlo y permitirlo, percibirlo y permitirlo… y volverlo a repetir. A mí se me hacía raro. Incluso me hacía sentir mal. ¿Por qué iba yo a permitir la presencia de la tristeza, de la decepción, del luto y de la vergüenza? ¿Por qué tenían que parecerme bien? Yo quería hacer justo lo contrario. Quería que se fuera todo. Quería irme *yo*.

Qué aspecto puede tener la autocompasión:

- Hablarte de la misma forma en que le hablarías a un ser querido.

- Reconocer cuándo algo te parece difícil.

- Validar tus sentimientos y emociones.

- Ofrecerte apoyo y recordatorios.

- Darte permiso para cometer errores.

- Dejar que haya espacio para aprender y desaprender.

- Saber que te tienes siempre que te necesites.

- Ofrecerte un trato amable.

- Reconocer que no eres el único y que a otras personas también les pasa.

Mi terapeuta empezó a contarme que cuando nos resistimos a nuestro dolor, este se queda escondido debajo de la alfombra. Pero lo que se queda debajo de la alfombra a menudo se multiplica y empeora hasta que se descontrola. En vez de dejar que pasara esto, me recomendó que no escondiera nada (ni dolor ni sentimientos).

Ese terapeuta fue la primera persona en enseñarme acerca de lo que ahora sé que se llama *aceptación radical*. A medida que exploramos la idea, pensé en las muchas personas a mi alrededor que hacían lo mismo que yo: intentaban arreglar o minimizar lo que yo sentía, enfatizando que «simplemente debería estar agradecida», dándole sesgos positivos al dolor, sin preguntarme cómo me estaba afectando. Yo no era la única que apartaba ese dolor; muchas otras personas también apartaban mi dolor y el suyo. Somos muy pocos los que sabemos cómo convivir con lo que duele.

La práctica de la aceptación radical es la práctica de permitir que todas las partes de nuestro ser sean aceptables, incluso cuando no sentimos que estén bien. Es la práctica de valorar tanto la luz como la oscuridad, tanto el dolor como la alegría, tanto lo llevadero como lo desafiante. Tara Brach, que escribió un libro entero sobre el tema, denomina *aceptación radical* a «la voluntad de experimentarnos a nosotros y nuestras vidas tal y como son». Qué cambio más drástico respecto a la opción de empujarlo todo para que desaparezca, huir de ello o negarlo. ¡Qué manera de estar con nosotros!

Pongamos por ejemplo que estás pasando por una ruptura. Puede que sientas dolor, luto, y que te cuestiones constantemente. Tal vez te preguntes qué hay en ti que no funciona o por qué no salió bien o cómo lo podrías haber arreglado. Es posible que te resistas a los sentimientos que te surgen hablando fatal de tu ex, o saliendo a tomar algo más a menudo de lo que harías normalmente, o sintiendo un aumento de autocríticas que parecen implacables.

¿Qué pasaría si percibieras y permitieras lo que estás sintiendo, si observaras tus sentimientos con compasión en vez de criticar su presencia? ¿Si valoraras tus sentimientos sin apartarlos? ¿Si confiaras en que puedes gestionar tus sentimientos desde un lugar compasivo, en el que puedes convivir con ellos más tiempo de lo que crees? ¿Y si aceptaras lo que hay?

Hacerlo es justamente de lo que va la aceptación radical.

La aceptación radical puede ser como decir:
- «Esto es lo que estoy viviendo ahora mismo y tal vez esta experiencia esté bien».
- «Estoy experimentando un profundo sentimiento de luto, y tal vez tenga sentido que lo sienta. Tal vez podría convivir con este sentimiento un tiempo más».
- «Acepto por completo lo que está pasando y no tengo la necesidad de resistirlo para sentirme diferente».
- «No voy a resistirme a este sentimiento. Dejaré que esté aquí».
- «Soy consciente de las emociones que me están surgiendo como respuesta a esta experiencia, y soy dueño de todas ellas».

La aceptación radical nos permite convivir con lo que experimentamos. Cuando practicamos la aceptación de lo que pasó, de quien hemos sido, de lo que hemos hecho y de lo que hemos vivido, no estamos diciendo que todo esté bien, sino que ya no lucharemos, ni nos resistiremos ni lo negaremos. Nada se barre debajo de la alfombra. La aceptación de lo que hay nos permite ver que podemos cambiar. Carl Rogers, un psicólogo humanista, dijo: «La curiosa paradoja es que cuando me acepto tal y como soy, entonces puedo cambiar». Yo creo que se puede decir lo mismo de nuestras historias difíciles: cuando aceptamos nuestras historias complicadas, podemos empezar a cambiarlas.

Jen, mi paciente que tenía problemas con el perfeccionismo, hizo justo eso. Empezó a implementar la aceptación radical modificando cómo se veía a sí misma en los momentos de imperfección. Su práctica consistía en notar cuándo aparecía su crítico interior. Ese crítico interior se hacía oír más cuando estaba haciendo algo que no alcanzaba sus niveles de perfección, como obtener un nueve en vez de un diez en un examen. En vez de creerle a su crítico interior sin cuestionarse nada, Jen practicó aceptar sus errores. Practicó poner nombre a sus experiencias por lo que eran, en vez de catalogarlas como pruebas de que no era suficiente tal y como era. No le gustaba dar pasos en falso —no consiste en esto la aceptación radical—, sino que quería permitir que sus pasos en falso fueran una parte de quien era, y aprendió a verlos sin juzgarse tanto. La aceptación radical la ayudó a vivir con sus pasos en falso y con su éxito. La ayudó a vivir en su integridad, en vez de continuar esforzándose por alcanzar una perfección imposible.

Practicar el perdón (hacia ti y hacia los demás)
¿Qué relación tienes con el perdón? ¿A quién y qué has perdonado, y cómo te ha hecho sentir? ¿A quién o qué sigues sin ser capaz de perdonar, y cómo te hace sentir? ¿Hay entornos en tu vida en los que el perdón podría proporcionarte un poco de libertad? ¿Hay situaciones que no eres capaz de perdonar ahora (o nunca), pero en las que te gustaría fomentar algún grado de aceptación? ¿Qué te podría ayudar a hacerlo?

Yo me pasé mucho tiempo aferrándome a la rabia, a la confusión y al desprecio de muchas maneras: hacia mi madre biológica por haberme abandonado, hacia aquellas personas que no entendían cómo me podían ayudar a procesar mi adopción, hacia las circunstancias que yo no había elegido, hacia mí... hacia la vida. El acto de perdonar cada uno de estos aspectos requirió apoyo, paciencia y tiempo, pero el perdón (una y otra y otra y otra vez) es lo que me permite seguir adelante.

Sin embargo, el perdón puede ser complicado porque la necesidad de exonerar tiende al «perdona a todo el mundo», y se confunde fácilmente con «no tengas límites y permite que todos se sienten a tu mesa». Yo no creo que tengamos que decir «te perdono» en voz alta. Tampoco creo que tengamos que ofrecer nuestro perdón a aquellos que nos han herido profundamente. No creo que sea un requisito para sanar. Lo que sí creo es que practicar el perdón no significa que te parezca todo bien, sino que lo aceptes todo. No puedes cambiar lo que ha pasado, pero puedes decidir parte de lo que pasará. Así es como el perdón puede ayudarte a expresarte partiendo de una historia nueva. A mí me ha recordado que aquí es donde quiero estar y que dedicar atención y cuidado a cultivar la vida que quiero me brinda más apoyo que repetirme una y otra vez lo que hubiera deseado que no pasara.

Qué aspecto puede tener el perdón en tu vida:
- Optar por la empatía y la compasión hacia ti y hacia los demás.
- Fijar límites de lo que es perdonable y lo que es aceptable.
- Explorar las opciones que tienes en el presente.
- Encontrarle significado a lo que pasó.
- Aceptar el pasado a la vez que, conscientemente, creas un futuro.
- Dejar atrás lo que ya no te sirve de nada, incluso cuando cuesta hacerlo.
- Darle espacio al luto y valorar todos tus sentimientos.
- Cultivar una mente indulgente, una y otra vez.

PRACTICAR EL ACTO DE RENDIRTE

Dejar de forzar. Dejar de intentar controlarlo todo. Soltar tus garras. Aceptar lo que hay. Confiar en lo que aún no se ha materializado. La rendición es una manera intensa de practicar la autocompasión, porque nos obliga a aceptar lo que somos en vez de regañarnos para que seamos diferentes. Y aquí es donde me parece que rendirse es más útil, en el proceso de reformular mi historia de nunca ser suficiente: me recuerda que sí soy suficiente tal y como soy. Me permite ablandarme ante mi humanidad. En el budismo, el desapego es una parte central para aliviar el sufrimiento, lo cual está sumamente relacionado con el hecho de rendirse.

Rendirnos nos recuerda que el alcance de nuestras acciones tiene un límite; que nuestra opinión tiene un límite; que lo que podemos determinar nosotros tiene un límite. Nos apoya creando amplitud alrededor de nuestras experiencias en vez de aferrarnos aún con más fuerza a aquello que no podemos controlar. Nos da la oportunidad de respirar, de valorar lo que hay, de encontrar maneras de estar a nuestro lado sea lo que sea que estemos viviendo. A veces tenemos que dejar de intentar que todo sea de una manera determinada y hacer espacio para que todo se desarrolle a sus anchas. Al fin y al cabo solo somos humanos.

Rendirnos no significa que dejemos de intentarlo. Significa que otorgamos valor a aquello en lo que sí tenemos voz y voto a la vez que nos parece bien no saber, no controlar y no forzar el resto. Soltar a veces da lugar al perdón; a menudo da lugar a la aceptación y la aceptación da lugar a la rendición. Todos estos conceptos alimentan y son alimentados por la autocompasión.

Qué aspecto puede tener la rendición en tu vida:
- No intentar controlar todos los resultados.
- Soltar viejas historias y la creencia de que seguro que son ciertas.
- Hacer espacio para que se desarrolle lo desconocido.
- Dejar de forzar, controlar o intentar determinarlo todo.
- Equilibrar tu poder con tu sentido de confianza.
- Soltar la necesidad de tener siempre la certeza de todo.
- Acoger lo desconocido.

ACCIONES ALINEADAS

La consciencia plena, la curiosidad y la autocompasión nos permiten entender las historias que hemos estado arrastrando y explorar las historias con las que nos gustaría cargar. Las acciones alineadas nos permiten vivir historias nuevas.

Hay algo que escucho muy a menudo en la consulta: «¿Qué debería hacer con toda esta información?». Cuando estás preparado para pasar a la acción, normalmente significa que has hecho primero la labor de procesar. En el caso de reformular tu historia, *procesar* significa que entiendes y eres consciente de cómo se creó tu historia, has explorado maneras de encontrar compasión y aceptación para esa parte de ti y estás listo para practicar nuevas maneras de estar contigo, con tu yo completo.

En mi caso, primero tenía que entender de dónde salía mi historia de no ser suficiente. Luego tenía que cultivar la consciencia plena para notar cuándo se me aparecía esa historia y cómo me afectaba. Necesitaba curiosidad para explorar qué más podía ser verdad y necesitaba compasión para recordarme lo complicado que es atravesar estas historias. Con esa información tenía que empezar a elegir algo distinto, una historia que me dijera que soy suficiente tal y como soy.

Para mí, eso era (y sigue siendo) un proceso en el que me recuerdo que mis antiguas historias no son verdad, que solo son historias y que puedo elegir contarme historias que me brinden más apoyo. Es hacer lo que quiero, en vez de escuchar la historia que me dice que no lo merezco. Significa darme permiso para recibir apoyo, en vez de escuchar la historia de que mis necesidades son desproporcionadas. Significa levantarme e ir por un vaso de agua cuando tengo sed. Significa salir a dar un paseo cuando necesito desconectar. Significa hacer lo que es bueno para mí incluso cuando no quiero. Significa practicar todas las actitudes que te he contado antes de manera que apoyen la verdad de que soy suficiente. Las acciones alineadas consisten en reconocer quiénes somos realmente, qué necesitamos realmente y qué deseamos realmente, y luego tomar las acciones necesarias para apoyar todo eso.

Qué aspecto pueden tener las acciones alineadas en tu vida:
- Irte a dormir cuando estás cansado.
- Expresarte y que te vean incluso cuando una parte de ti no lo quiere.
- Pasar tiempo con las personas que valoran tu yo completo.
- Contarte repetidamente historias nuevas, más revitalizadoras, sobre ti.
- Tomar decisiones que apoyen tu bienestar en vez de recaer en viejas costumbres.
- Dejar el celular en vez de atontarte y quedarte embobado (pasando tiempo infinito en Instagram o Twitter, incluso cuando hacerlo no te hace sentir bien).
- Preguntarte qué necesitas y llevarlo a cabo.
- Explorar tus valores y luego actuar basándote en ellos.
- Practicar todo lo que te apoya en ser tú mismo.

Las acciones alineadas son complicadas porque nadie te podrá decir qué aspecto concreto tienen en tu vida. Muy a menudo, después de la primera pregunta, también me preguntan: «¿Pero qué debería hacer exactamente con toda esta información?». La obsesión por encontrar esta respuesta evita a menudo que entendamos todas las pequeñas acciones progresivas que nos llevan a nuevas maneras de ser. No hay una respuesta única. Queremos hacerlo del tirón, cuando en realidad lo que nos lleva a cambiar son las acciones que decidimos tomar en cada momento. En nuestra cultura nos han programado para buscar el gran cambio, la solución rápida, el objetivo final y las transformaciones monumentales. La normalización de esta manera de percibir los cambios hace que sea difícil confiar en que los cambios pueden ocurrir con las pequeñas decisiones progresivas y pasajeras. Una detrás de la otra, una y otra vez, hasta el fin de los tiempos. Esto no suena ni de lejos tan atractivo como compartir una foto del antes y del después.

Además, a menudo estas acciones implican que hagamos lo que no necesariamente queremos hacer y que superemos la incomodidad. Implican que nos cuidemos de maneras a las que puede que no estemos acostumbrados, que nos defendamos de maneras en las que puede que no siempre confiemos que nos merecemos, que en algunas ocasiones demos preferencia a lo que necesitamos antes de lo que queremos, que nos escuchemos de verdad, que entablemos una relación con quienes realmente somos y actuemos desde esa posición. Sin embargo, la incomodidad que surge de defendernos vale la pena. La belleza de las acciones alineadas es que nos llevan a respetar nuestro valor intrínseco, nuestra bondad inherente y nuestra calidad innata de ser suficientes. Cuando nos dedicamos continuamente a emprender acciones alineadas, empezamos a crear nuevas historias y actuamos basándonos en otras que nos dicen que somos suficiente, que valemos la pena, que merecemos que nos quieran y que estamos completos.

Otras maneras de implementar acciones alineadas

PRACTICAR LA DISCIPLINA AMABLE

En el centro de tratamiento residencial en el que estuve a los quince años, donde aprendí acerca de las prácticas de consciencia plena por primera vez, una de nuestras tareas diarias consistía en completar un ejercicio en un diario personal. Al principio lo odiaba. Odiaba escribir cuando no quería, odiaba la idea de que me obligaran a hacer algo y tener que hacerlo una y otra vez. Yo quería una solución rápida. Lo único que quería era que todo lo que estaba experimentando desapareciera, y rápido.

Con la práctica de escribir cada día en el diario, poco a poco empecé a notar cambios. Noté que tenía una mentalidad más abierta hacia mis sentimientos. Noté que me paraba para explorar lo que me surgía con más frecuencia. Noté que entendía mejor lo que se escondía detrás de mis comportamientos externos o de mis pensamientos. La práctica de escribir en el diario me dio una oportunidad para volver a mí de manera consistente y con regularidad, por muy complicado que fuera a veces. Al cabo de un tiempo, incluso empecé a tener ganas de que llegara mi práctica diaria, no porque me hiciera sentir excelente, sino porque el hecho de mantener ese compromiso conmigo era reparador.

La disciplina es un componente fundamental para sanar. James Clear, autor de *Hábitos atómicos*, explica extensamente la importancia de la formación de hábitos y el potente impacto que tiene forjar hábitos en nuestra vida en general. Los hábitos no aparecen por arte de magia. Las nuevas rutinas no se crean solas. Las nuevas maneras de pensar no aparecen de forma natural. Tenemos que trabajar en ello, invertir tiempo y comprometernos con nosotros para hacerlo una y otra vez. Para aquellos que crecieron con contradicciones, falta de estructura e incertidumbre, la disciplina puede parecer algo aún más complicado porque no tuvieron ningún referente que seguir. Si no tenías una hora determinada para acostarte, seguramente vivas con la historia de que la disciplina no importa. Si te permitían hacer lo que quisieras, seguramente vivas con la historia de que no puedes ser disciplinado. Porque, tal y como expliqué antes, interiorizamos los mensajes con los que crecemos, y estas historias pueden afectar a la manera en que nos cuidamos de mayores, tanto si nos damos cuenta de ello como si no.

Cultivar la disciplina es una manera de volvernos a criar. Cuando hacemos para nosotros lo que no hicieron otros en su momento o cuando hacemos lo que siempre habíamos querido hacer, pero no pudimos, nos recordamos que merecemos el cuidado.

Sé consciente de que la disciplina puede convertirse en algo poco sano cuando deja de estar alineada con lo que realmente necesitamos (por ejemplo, no dejar margen a la flexibilidad, aferrarnos al perfeccionismo, no respetar nuestras propias señales, ignorar nuestras necesidades por el bien de la disciplina, etcétera). No se trata de ser duros con nosotros, de castigarnos cuando en realidad necesitamos descansar, intentar dominar cómo nos sentimos o mortificarnos cuando nos descarrilamos. La disciplina amable y real es un regalo. Es una manera de hacernos responsables de nosotros mismos en un acto de amor propio. La consciencia plena nos ayuda a discernir entre las dos variantes.

Qué aspecto puede tener la disciplina:
- Elegir mantenerte firme con los compromisos que tienes contigo.
- Mantenerte fiel a las prácticas que te ayudan.
- Implementar y practicar hábitos estimulantes.
- Cuidarte incluso cuando no quieres hacerlo.
- Tomar decisiones alineadas con tus necesidades incluso cuando no te hagan sentir bien.
- Mantenerte conectado activamente con tu proceso de sanación.
- Practicar la consistencia, una y otra vez.

AUTORRESPONSABILIZARTE DE FORMA RADICAL

La parte más difícil (bueno, una de las más difíciles) de crecer es que tenemos que responsabilizarnos de nosotros mismos. Podemos entender por qué estamos heridos…, podemos racionalizar por qué nos sentimos como nos sentimos y por qué actuamos como actuamos…, podemos mantener nuestras vivencias en nuestro interior…, pero si queremos sanar, no podemos seguir culpando, proyectando o desviando nuestra propia responsabilidad sobre nuestras vidas. Lo digo con toda la delicadeza posible (a mí también me cuesta).

Cuando dejamos de responsabilizar a los demás por cómo nos defendemos y cómo nos exponemos al mundo, podemos preguntarnos:

- ¿Cómo estoy contribuyendo a continuar las historias que ya no me sirven?
- ¿En qué aspectos tengo miedo a responsabilizarme de mi vida?
- ¿Cómo me sentiría si asumiera la responsabilidad de mis decisiones, de mis sentimientos y de mis creencias?
- ¿Qué referente tuve (o no) de pequeño en torno a la autorresponsabilidad?
- ¿Qué sentimientos me surgen cuando pienso en asumir la responsabilidad de mi propia vida?
- ¿En qué aspectos puede estar faltándome autorresponsabilidad y en qué aspectos la noto fuerte?

La exploración que suponen estas preguntas no es fácil. Yo las evité durante mucho tiempo. Y entiendo perfectamente por qué somos tantas las personas que tenemos dificultades para responsabilizarnos de nosotros mismos cuando somos adultos, especialmente si de niños no nos dieron lo que necesitábamos. Puede ser difícil reconocer que ahora es nuestra labor.

La responsabilidad radical significa elegir tener voz y voto en tu vida sin importar las circunstancias. Nunca podremos controlar por completo lo que hacen los demás, lo que sucede en el mundo o lo que nos depara el futuro. Lo que sí podemos controlar es cómo respondemos a lo que pasa en nuestro interior y a nuestro alrededor.

Esta idea tuvo un impacto en Jasmine, mi paciente, cuando nos sumergimos en su historia. Jasmine estaba acostumbrada a satisfacer las voluntades y necesidades de los demás, pero poco a poco empezó a identificar lo que ella quería y lo que ella necesitaba: más espacio para ofrecerse a sí misma el mismo cuidado que brindaba a todos los que la rodeaban. Quería cambiar su historia de «tener que ser útil para demostrar su valía» a «saber que es suficiente sin tener que ser servicial». Sus necesidades y deseos eran importantes, incluso si no estaba siendo «buena».

Tardó un tiempo. Reformular nuestras historias es a menudo un proceso largo porque nuestro cerebro está más cómodo con las maneras de pensar, sentir y ser que le resultan familiares. Y lo nuevo no le parece natural. Pero con tiempo y práctica, cada vez fue más fácil. Jasmine investigó de dónde salían sus creencias. Solo esto ya fue transformador. Cuando se le aparecía su historia antigua, practicaba diciéndose: «Vaya, ya vuelvo a tener esa historia aquí». Así, creaba un poco de distancia entre ella y la historia…, lo cual le permitía reconocer lentamente que ella no era su historia. Diseccionamos su historia hasta que acabó siendo solo eso, una historia. Al final, Jasmine fue capaz de ver que su historia de valer solo cuando ayudaba a los demás no era cierta. Era solo lo que creía en el pasado, y por un buen motivo.

A partir de ese momento, Jasmine y yo colaboramos para encontrar nuevas maneras en las que pudiera mostrarse en las relaciones. Activamos la curiosidad. Exploramos cómo entender cuáles eran sus necesidades y cómo expresarlas con los demás. Jasmine practicó la responsabilidad radical recordándose que ella era la única persona que podía hacer los cambios necesarios para respetar sus necesidades. Nadie más lo haría por ella. En cuanto lo hizo, encontró oportunidades en pequeños cambios. Empezaba y acababa el día con autorreflexión, lo cual le aliviaba la ansiedad. Cuando la llamaba un amigo o un compañero de trabajo pidiéndole ayuda, hacía una pausa y se planteaba si tenía el tiempo y la energía para ofrecer su ayuda en ese momento. Decía sí o no dependiendo de su propia valoración. Adquirir una responsabilidad radical la apoyó a la hora de reclamar un merecido espacio para ella misma en su vida. Esto cambió la manera en la que Jasmine se manifestaba en sus relaciones. Aquí se podía ver la responsabilidad radical en acción. Cuando dejamos de vincular nuestro bienestar con cualquier persona ajena a nosotros, tenemos más capacidad para sanar. Ya no cedemos ante los viejos patrones. Nos recordamos que llevamos las riendas de nuestras decisiones. Nos valoramos.

Qué aspecto puede tener la autorresponsabilidad:
- Elegir hacer lo difícil que es bueno para ti en vez de lo fácil que no lo es.
- Asumir responsabilidad por cómo respondes al mundo que te rodea.
- Defenderte cuando te comprometes a defenderte.
- Valorar lo que ha pasado y elegir qué hacer a continuación.
- Asumir toda la responsabilidad de tu sanación (esto no significa que tengas que sanar solo).
- Ser sincero contigo, incluso cuando sea difícil.
- Apropiarte de tus decisiones, acciones y emociones.

Quiero dejar claro que practicar la autorresponsabilidad no significa no pedir ayuda ni apoyo a los demás. Tampoco significa que no nos esté permitido frustrarnos y enojarnos cuando los demás nos decepcionan. Y tampoco significa que no deberían impactarnos los sistemas en los que vivimos. Lo que significa es que podemos reconocer las maneras en que nos impactan los demás y los sistemas externos, a la vez que elegimos el modo en que queremos responder a esas experiencias. Es decir, nos pueden impactar cuestiones que no son responsabilidad nuestra a la vez que asumimos responsabilidad por cómo nos defendemos.

Da el mejor siguiente paso
Me he dado cuenta de que mucha gente no acaba ejecutando acciones alineadas porque tiene la sensación de carecer de una visión de conjunto. No sabe adónde la llevará todo, o cuál será el resultado,

o cómo cambiará su vida. El proceso de pasar a la acción implica miedo, lo cual puede provocar fácilmente que volvamos a nuestras viejas costumbres, patrones e historias. El tema es que no tenemos que saber todo lo que pasará. Solo tenemos que centrarnos en el mejor siguiente paso que podemos dar.

El mejor siguiente paso nos habla de hacer todo poco a poco. Cuando exploramos los cambios, normalmente es mucho menos abrumador preguntar: «¿Cuál es el mejor siguiente paso?», que preguntar: «¿Qué tengo que hacer en los próximos dos años para poder llegar adonde quiero llegar?». Una opción nos mantiene conectados y presentes; la otra nos abruma.

Normalmente, no son los grandes cambios los que nos llevan a nuevas maneras de ser…, son los pequeños gestos que hacemos día a día. Esos momentos, combinados, conforman nuestra vida. Nuestra cultura enfatiza la gratificación instantánea como la norma y hace que queramos fácilmente soluciones rápidas, así que tiene sentido que nos cueste confiar en la grandeza de las pequeñas decisiones…, pero rebajar el siguiente paso que dar a algo demasiado pequeño para ser significativo ignora el gran impacto que tienen nuestras acciones diarias.

Qué aspecto puede tener el mejor siguiente paso en tu vida:
- Probar una cosa nueva, en lugar de diez cosas nuevas.
- Prestar atención a tus necesidades diarias y satisfacerlas.
- Centrarte en el aquí y el ahora, en vez de aquello realizable a largo plazo.
- Percibir aquello que ya estás haciendo.
- Reconocer las pequeñas acciones como poderosas e importantes.
- Encontrar significado a las transformaciones de cada momento.
- Recordarte que no tienes que tenerlo todo controlado.

Explorar el mejor siguiente paso nos da solo algo que hacer a la vez, lo cual es mucho más factible que cambiarlo todo de golpe. Cuando estaba escribiendo este libro, me preguntaba: «¿Qué diré en el próximo párrafo?», en vez de preguntarme: «¿Cómo voy a escribir un libro entero?». Con el proceso de vivir en nuevas historias, puede sonar más bien así: «¿Qué acción puedo emprender hoy para apoyar mi valía?», en vez de preguntarme: «¿Cómo puedo sentir constantemente que valgo?». En lugar de preguntarte: «¿Cómo puedo vivir desde una historia nueva?», pregúntate: «¿De qué manera podría valorar esta historia nueva que estoy cultivando hoy?». Se trata de tomar lo que queremos y desglosarlo en pasos factibles que, con el tiempo, nos llevarán a un gran y precioso cambio.

Un amable recordatorio: está bien, he dado mucha información. Ahora es un momento magnífico para respirar, activar los hombros, estirar los brazos hacia el cielo y evaluar cómo estás. ¿Cómo te encuentras? ¿Cómo te sientes absorbiendo esta información y explorando cómo relacionarla con tu contexto y tu vida, que son únicos? Ir viendo cómo estás a medida que avanzas este libro es una manera de no solo de «consumirlo», sino de pensar realmente cómo puedes querer aplicarlo en tu vida. Date las gracias por hacer este trabajo. Tu trabajo importa.

DE QUÉ MANERAS PUEDE APARECER LA INCOMODIDAD

Cuando tomes en consideración las historias que estás modificando y reescribiendo, te invito a preguntarte qué puede cambiar con la mentalidad de la consciencia plena, la curiosidad, la autocompasión y las acciones alineadas. ¿Cómo te pueden ayudar estas a recordar qué historias quieres llevar y qué te ancla mientras lo haces? Volver a estas mentalidades es, en sí, algo transformador, poderoso y sanador.

Esto te puede resultar difícil, puede avivar sentimientos de frustración («¿por qué tengo que hacer algo con esto?»), tristeza («ojalá no tuviera que hacer este trabajo tan duro»), culpa («si lo hubiera averiguado hace mucho tiempo, ahora no estaría así»), luto («he desperdiciado mucho tiempo y nunca recuperaré lo que he perdido»)… Pueden surgir muchas cuestiones. Así que, por favor, ten en cuenta que es normal y que está bien sentir lo que estés sintiendo.

Te lo repito: *tus sentimientos son válidos*. No sabría decirte cuántas veces (a menudo a diario) me lo repito como recordatorio de que está bien ser humano.

Porque, verás, es difícil. Cualquier cambio es complicado, incluso si es bueno para nosotros. Lo nuevo es equivalente a lo incómodo, e *incómodo* es todo aquello a lo que nuestro cuerpo y cerebro no están acostumbrados. Recuérdate que en ocasiones sentirás y deberías sentir incomodidad. Especialmente a la hora de reformular nuestras historias. Esto significa que algo se mueve, que algo se transforma, que algo cambia.

A continuación encontrarás una lista de las maneras en las que quizá te encuentres con esta incomodidad. Yo las tomo como señales de carretera en nuestro camino de sanación: es posible que nos hagan ir más lentos, pero no deberían detenernos. Ser conscientes de las señales que nos podemos encontrar en la carretera nos ayuda a recalibrar cuando aparecen, en vez de hacernos cambiar de dirección. Estas experiencias no son «malas»; nos ofrecen información para que la exploremos. En lugar de preguntarte «¿cómo me libro yo de eso?», puedes cuestionarte «¿cómo me identifico yo con esto?». Observa cómo te sientes acogiendo estas señales, aceptando la incomodidad antes de empujarla para que se vaya.

RESISTENCIA

¿Alguna vez has evitado o te has resistido al cambio? Si es así, no estás solo, y no hay nada que no funcione en ti. Los cambios pueden ser aterradores cuando estás acostumbrado a la manera en la que has estado haciendo las cosas durante tanto tiempo.

Cuando aparece la resistencia en mi propia vida, recuerdo ocasiones pasadas en las que surgió esa misma sensación y seguí adelante, superándola de todas formas. Recuerdo que cuando empecé el máster me dije: «Yo esto no puedo hacerlo», pero seguí adelante de todas formas. Cuando me hice el test de Ancestry, pensé: «No voy a averiguar nada, así que, ¿para qué hacérmelo?», pero lo hice de todas formas. En mi consulta, veo resistencia cuando los pacientes describen su sensación de estar estancados, su dificultad para implementar nuevos patrones o comportamientos, o incluso cuando olvidan que se merecen la felicidad. Nos resistimos cuando no estamos seguros de cómo vivir de nuevas maneras. Esto no significa que no queramos, simplemente significa que no siempre estamos seguros de cómo hacerlo o ni siquiera de si podemos.

Normalizar, o incluso validar, esta reacción puede ser una pieza fundamental en la sanación, porque tenemos la tendencia a alejar la resistencia, cuestionarla o negarla…, y todas estas opciones, irónicamente, son formas de resistencia. En vez de eso, podemos valorar la parte de nosotros que no quiere cambiar, incluso cuando anhelamos el cambio.

Hay otra manera de pensarlo. En *The War of Art (La guerra del arte)*, Steven Pressfield afirma: «Recuerda la regla de oro: cuanto más miedo nos da una labor o una vocación, más seguros podemos estar de que la queremos hacer. Experimentamos resistencia bajo la etiqueta de miedo; el grado de miedo es igual a la fuerza de la resistencia. Por eso, cuanto más miedo nos da un proyecto en concreto, más seguros podemos estar de que ese proyecto es importante para

Cómo puede sonar la resistencia:

- «No quiero hacerlo».

- «No puedo hacerlo, ¡es demasiado difícil!».

- «Ya lo intentaré otro día».

- «Voy a hacer lo fácil en vez de lo correcto».

- «Sé lo que necesito, pero voy a hacer algo distinto».

- «Hoy no saldré a pasear».

- «Todo esto es estúpido y no tiene sentido».

nosotros y para el crecimiento de nuestra alma. Por eso sentimos tanta resistencia. Si no significara nada para nosotros, no habría resistencia». Esta cita ha sido una potente ancla para mí al explorar la resistencia, porque señala lo que se esconde detrás y más allá de este concepto. Cuando nos damos cuenta de que nos estamos resistiendo al cambio, podemos practicar activando la curiosidad para saber por qué, en vez de regañarnos por lo que estamos experimentando. ¿Por qué puede que tengamos miedo? ¿Qué puede haber al otro lado de esa resistencia? ¿Cómo podrías hacer para que la resistencia fuera una parte de este camino en vez de algo que intentas esquivar?

A medida que reformules algunas de las historias con las que cargas, te invito a fijarte en cualquier tipo de resistencia que te surja. ¿Hay alguna parte de ti que no quiera soltar la historia? ¿Hay alguna parte de ti que se sienta conectada a tus historias? ¿Hay alguna parte de ti que quiera conservar las historias a las que te has aferrado durante tanto tiempo porque te resultan muy conocidas, porque te hacen sentir cómodo o por lo muy conectado que estás con ellas, aunque te estén limitando? Si es así, no estás solo. Esas partes de ti tienen derecho a estar allí, pero no deben decidir qué pasa a continuación.

Preguntas para explorar la resistencia:
- ¿En qué momentos se me aparece la resistencia con más frecuencia?
- ¿Cómo percibo la resistencia en el cuerpo?
- ¿Qué pensamientos suelen acompañar a la resistencia?
- ¿Qué impacto tiene la resistencia en mi habilidad de pasar a la acción?
- ¿Qué información puede aportarme la resistencia?
- ¿Cómo me ayuda «moverme» a través de la resistencia?

Miedo

Tal y como indica Steven Pressfield, junto con la resistencia suele venir el miedo. El miedo a menudo indica que estamos haciendo algo fuera de nuestra zona de confort, algo nuevo o algo diferente. En este camino hay riesgo, pero también oportunidades. Tal y como nos recuerda Pressfield, el miedo también es un indicador de que lo que está en juego nos importa.

Recuerda que, igual que todas las formas de incomodidad, el miedo es una señal. El miedo no siempre es una señal de alarma; puede ser un poste indicador que señala lo que queremos hacer, o cambiar, o ser. El miedo es algo a lo que deberíamos prestar atención, porque he aquí el quid de la cuestión: no nos podemos deshacer del miedo. No lo podemos evitar. No podemos vivir sin él, ¡porque nos ayuda a sobrevivir! Nos ha permitido mirar a izquierda y derecha antes de cruzar las calles, no enviar mensajes mientras manejamos, cerrar las puertas con llave y asegurarnos de que no nos metemos en otras situaciones potencialmente peligrosas. El miedo es necesario y bueno. El tema se complica cuando (sin planteárnoslo), permitimos que el miedo dictamine lo que hacemos o dejamos de hacer. Si permitiéramos que el miedo evitara que hiciéramos algo, seguramente no haríamos prácticamente nada. Nunca forjaríamos relaciones. No buscaríamos trabajos que queremos. No compartiríamos nuestro arte. No iríamos de excursión ni actuaríamos ni viajaríamos ni haríamos nada nuevo. Cuando entendemos el miedo como una parte natural de ser humanos, lo podemos sentir y realizar actividades igualmente.

Explora tu resistencia y tu miedo desde una posición de amabilidad. Resistirse a la resistencia intensifica la resistencia (intenta decirlo tres veces rápido). Tener miedo al miedo intensifica el miedo. Sin embargo, tratar de entender o aceptar estos aspectos del cambio permite que existan sin dominarnos. Cuando se te aparezcan la resistencia o el miedo, diles hola. Pregúntales qué

Cómo puede sonar el miedo:

«¿Y si algo sale mal?».

«¡Odio no saber qué pasará!».

«Si a alguien no le gusta, todo irá mal».

«No sé si puedo con esto».

«¿Cómo sobreviviré si no cambia todo?».

«Es demasiado aterrador hacer esto por primera vez».

«No soy capaz».

«Voy a equivocarme».

quieren contarte. Fíjate en cómo te sientes conviviendo con la respuesta. Deja que se queden ahí y observa qué pasa si continúas de todas formas, si sigues expresándote independientemente de la presencia de la resistencia o del miedo (porque puedes estar seguro de que seguirán apareciendo, continuamente, para siempre).

Cuando la resistencia o el miedo decidan visitarte, recuérdate que es normal, que no pasa nada y pregúntate qué necesitas para seguir adelante. Puedes comunicarles a la resistencia y al miedo que aunque estén presentes en tus decisiones, no guiarán tu camino. No decidirán por ti.

Desde esta posición, podemos cambiar situaciones que pueden parecernos aterradoras, pero solo al principio.

Preguntas para explorar el miedo:
- ¿Qué miedo me está surgiendo ahora mismo y por qué puede estar aquí?
- ¿Cómo noto el miedo en mi cuerpo? ¿Cuándo sé que está ahí?
- ¿Cómo puedo prestarle atención a mi miedo sin dejar que me persuada?
- ¿Qué me ayuda a discernir entre miedo y peligro?
- ¿Puede que el miedo me esté señalando aquello que me importa?
- ¿Qué me ayuda a superar el miedo?

Soledad

Decidir desenmarañar las historias que hemos estado cargando significa, a menudo, que nos expondremos al mundo de una forma distinta… y este cambio también lo percibirán las personas que nos rodean. Puede que no todas las personas de tu vida quieran que cambies. Puede que incluso haya personas que se sientan amenazadas por tu cambio, especialmente si tus antiguas historias las beneficiaban de alguna forma. Si estás soltando una historia que te decía que tenías que empequeñecer y empiezas a ocupar más espacio en tu propia vida, las personas que cubrían la mayor parte de sus necesidades con tu pequeñez puede que se sientan incómodas. Pongamos, por ejemplo, que tienes una amiga con la que pasabas la mayor parte del tiempo hablando de su vida y de sus altibajos. Cuando te expresas desde tu nueva historia, preparado para ocupar más espacio, puede que quieras hablar también de tu vida y de tus experiencias. Puede que a esa amiga no le guste tener menos espacio en la relación porque estaba acostumbrada a tener más. Cuando tus historias cambian, puede que tus relaciones también cambien. El hecho de que las relaciones cambien no es una señal de que estés haciendo algo malo. Es una señal de que estás escuchando lo que necesitas y lo estás honrando, incluso si esto implica que tu relación no sea la misma. Recordar que esto no siempre es algo malo hace que parezca menos desafiante.

Cuando estamos acostumbrados a relacionarnos con los demás partiendo de nuestras antiguas historias, tiene sentido que no podamos hacerlo de la misma forma a medida que cambiamos, crecemos, nos transformamos y volvemos a ser quienes somos de verdad. Puede que te vayas distanciando de personas, lugares y espacios que no apoyan tu crecimiento y pases más tiempo solo. Puede que te sientas solo. Yo quiero normalizar los sentimientos de soledad que pueden surgir cuando reformulamos nuestras historias y nos cuidamos de una nueva manera.

Pregúntate si la soledad que sientes es porque realmente estás solo o porque te estás permitiendo ocupar el tiempo y el espacio que necesitas para observar de cerca qué está funcionando y qué ya no te funciona en tus historias, en tus relaciones y en tu vida. Si respondes con la segunda opción, este tipo de soledad puede ser una señal de que te estás permitiendo decidir si las personas que

Cómo puede sonar la soledad:

«Es como si ya nadie conociera mi yo de verdad».

«Es difícil soltar relaciones que solo tienen cabida
en mis antiguas historias».

«Me siento solo al ver que nadie entiende por lo que estoy
pasando o lo mucho que me estoy esforzando para ser cada
vez más mi yo verdadero».

«Me pregunto si volveré a conectar con alguien desde
este nuevo lugar en el que me encuentro».

«Quiero que realmente vean mi yo completo».

mantienes cerca están honrando tu yo completo y, si no, que eliges si quieres o no mantener a esa persona cerca. Luego, puedes decidir qué tipo de personas quieres mantener cerca de aquí en adelante y qué tipo de relaciones quieres tener. Y, si realmente estás solo, ¿qué lecciones puedes aprender incluso en la soledad? ¿Qué puedes cosechar al estar solo? ¿Qué puede resaltarte, clarificarte o a qué puede acercarte?

Preguntas para explorar la soledad:
- ¿Cuándo suele aparecer la soledad, normalmente?
- ¿Qué sentimientos te surgen cuando sientes soledad?
- ¿Cómo puedo discernir entre la soledad y estar solo?
- ¿Con quién puedo contar cuando necesito conectar con alguien?
- ¿Qué sentido le puedo encontrar a la soledad cuando aparece?
- ¿Qué me ayuda a atravesar la soledad?

CONFUSIÓN

Exponernos ante nosotros mismos y ante los demás de nuevas formas puede resultar muy confuso.

La confusión es una señal de que estamos pisando un terreno desconocido, ya sea una nueva relación, un nuevo trabajo, un nuevo hábito, una nueva historia o lo que sea. La manera en que nos relacionamos con nuestra confusión es más importante que los intentos de vencerla. Cuando crezcamos, nos extendamos y probemos algo nuevo por primera vez, no tendremos todas las respuestas. Por eso te animo a que te plantees ciertas preguntas. Cuando aparece la confusión, ¿cómo la quieres recibir? («No sé qué pensar ahora, pero voy a darle la bienvenida a esta sensación de confusión y a ver qué me dice.») ¿Qué puede necesitar de ti?

Cómo puede sonar la confusión:

«Tengo la sensación de que ya no sé quién soy».

«No me reconozco».

«No sé ni lo que quiero».

«No tengo ni idea de adónde me llevará esto».

«Esto me resulta muy extraño».

«¡¿Lo estoy haciendo bien?!».

«Me siento muy perdido».

(«Sabiendo que la confusión está aquí, ¿de qué me tengo que acordar? ¿Qué necesitaría oír para estar bien con la confusión? ¿Cómo puedo brindarme apoyo a mí mismo para atravesar un periodo de confusión?») ¿Qué puedes necesitar tú de ella? («¿Qué no sé aún y no pasa nada por no saberlo? ¿Qué podría aportarme más claridad? ¿Cómo puedo convivir con esta confusión en vez de intentar deshacerme de ella al momento? ¿Qué tengo que hacer por mí mientras la confusión esté presente?»).

Cuando vemos la confusión como una parte del cambio y un sello distintivo del crecimiento, se vuelve menos siniestra. Se convierte en una parte de nuestro proceso. Se convierte en una invitación a entender mejor todo.

Preguntas para explorar la confusión:
- ¿Qué suele necesitar la confusión de mí?
- ¿Cuándo aparece ante mí la confusión con más frecuencia?
- ¿Qué puedo decirme cuando surja la confusión?
- ¿Qué información me puede ofrecer la confusión?
- ¿Qué me ayuda a superar la confusión?
- ¿Cómo me puede ayudar la confusión a ganar claridad?

La incomodidad se puede presentar de otras formas. Lo importante es que recibas estas grandes sensaciones. Pueden ser señales en vez de obstáculos. Además, tienen mucho que enseñarnos. Contienen lecciones y también son valiosas. En una sociedad que prioriza la positividad por encima de todo, es importante recordar que la incomodidad también forma parte de ser humanos. Que no siempre es algo que se tenga que arreglar. No tenemos por qué deshacernos de ella, solo cambiar cómo nos relacionamos con ella cuando viene a saludarnos.

A medida que explores cómo atravesar la incomodidad, te animo a apoyarte en las mentalidades que te mencioné al principio de este apartado. ¿Cómo te podría ayudar el mindfulness a notar cuándo aparece la incomodidad? ¿Cómo podría la curiosidad animarte a explorar la incomodidad, en vez de dejar que te intimide? ¿Cómo podría la autocompasión permitirte ser más amable contigo en momentos de incomodidad? ¿Cómo podrían las acciones alineadas permitirte elegir qué camino quieres seguir cuando aparece la incomodidad? Este es el lugar en el que implementar estas mentalidades. Es el lugar para recordar que ahora tienes voz y voto.

Explorar cómo te pueden ayudar diferentes tipos de prácticas a superar la incomodidad también puede ser fortalecedor: ¿cómo se practica la responsabilidad radical para gestionar la incomodidad? ¿Cómo te sentirías si te comprometieras a responder con aceptación radical cuando la incomodidad venga a visitarte? ¿Te ayudaría, quizá, rendirte en algunos momentos de incomodidad? Navegar por la incomodidad, utilizando algunas herramientas que hayas descubierto (o redescubierto) en este libro, es una manera preciosa de recordar tu poder y ponerlo en práctica.

Otras ideas, mentalidades y prácticas que ayudan en el proceso de reformulación

Sabiduría interior

El resultado natural de todo este trabajo interior es una creencia más profunda en lo que sabemos…, un conocimiento más profundo de lo que necesitamos…, un sentido más profundo de lo que queremos. Poco a poco se nos va haciendo más fácil confiar en nosotros. Hay algo realmente increíble que he presenciado con mis pacientes: la transición entre pedirme respuestas y escuchar las suyas propias. Poco a poco, empiezan a darse cuenta de que pueden confiar en ellos mismos, que saben tanto como yo. Que vale la pena prestar atención a su sabiduría interior.

Escribir nuevas historias nos invita a confiar en nuestra sabiduría interior en vez de aquello que nos han enseñado, de lo que se espera de nosotros y de lo que los demás han querido de nosotros. Es cómo nos recordamos. Es cómo volvemos a nosotros. Tú no eres solo tu historia complicada. Eres mucho más.

Volver a reconectar con la integridad de quienes somos no significa que de repente seamos perfectos, o ni siquiera buenos. No significa que olvidemos lo que sucedió, que ignoremos nuestro dolor o neguemos lo que duele. Significa que reconocemos que nos merecemos felicidad, conexión y autoaceptación. Mientras estemos vivos, cada día nos aporta una nueva oportunidad para contarnos una historia más fortalecedora y alentadora, una historia que nos permita expresarnos en la vida, con nuestra cara complicada y nuestra cara completa a la vez.

Sabiendo lo que sabes ahora acerca de las historias con las que has cargado, ¿qué quieres para ti? ¿Qué necesitas? ¿Con qué historias quieres llenarte?

Responder a estas preguntas nos ayuda a cultivar una relación con nuestra propia sabiduría. Es una manera de reconocer la sabiduría que siempre hemos llevado dentro, pero a la que no siempre hemos tenido acceso. Recordando todo lo que ya sabemos y todo el conocimiento que llevamos dentro, nos convertimos en el experto de nuestra propia vida.

Prácticas:
- Antes de pedirle su opinión, algún consejo o su validación a otra persona, prueba a parar y conectar contigo. ¿Cuál es tu opinión? ¿Qué consejo quieres recibir? ¿Qué validación necesitas y te puedes dar a ti mismo?
- ¿Cómo te sientes cuando sabes algo? ¿Qué señales te da el cuerpo? ¿Qué sentidos se te activan? ¿Qué te ofrece apoyo para que acudas a tu propio conocimiento?

- ¿Qué creencias de base llevas contigo? ¿Cómo dejas que aporten información a tus decisiones, a tus conexiones, a tu trabajo, a tus valores, a tus acciones y a tu manera de ser?

Niño interior

Con las prácticas, las mentalidades y una mayor de sabiduría interior, aumentamos la capacidad para abordar nuestro yo interior de forma humilde, pero también extraordinaria. Entre los trabajos interiores más profundos que he hecho tanto a nivel personal como profesional se halla el trabajo del niño interior. El concepto de *niño interior* les puede sonar un poco raro a muchas personas, pero familiarizarnos con él es una parte fundamental para atravesar nuestras historias difíciles y acoger nuestra totalidad. En psicología, el niño interior se define como las partes de nosotros que representan nuestro yo más joven, que a menudo tuvo necesidades que no se satisficieron o que se pasaron por alto y que aún cargamos con nosotros. El doctor Dick Schwartz, el fundador de la terapia con sistemas de la familia interna, un modelo de psicoterapia basado en evidencias, nos enseña que nuestro yo contiene varias partes, y el niño interior es una de esas partes. Todos tenemos un niño interior. Y nuestro niño interior nos puede llevar allí donde tenemos que sanar.

Yo, a menudo, pienso en mi yo de ocho años. A los ocho años fue cuando descubrí que me habían abandonado. No hablé de ello hasta que fui a terapia por primera vez. Me guardé para mí el dolor, la confusión y el luto por que me abandonaran durante mucho tiempo, deseando desesperadamente que alguien lo viera y lo entendiera. La versión de mí que necesitaba que le dijeran que era normal sentirse así, que necesitaba que la validaran, la escucharan y la vieran, lleva todo este tiempo en mi interior.

Ahora le digo a mi niña interior lo que necesitaba oír en aquel momento: que tiene sentido que se sintiera sola, que no necesitaba que nadie «la arreglara». Le recuerdo que no está sola y que sigue siendo buena. Le digo que estaba destinada a estar aquí, que no es un error. Yo conecto a menudo con esa parte más joven de mí y siempre es reparador. Dado que muchas de nuestras historias complicadas se crearon durante la infancia, este tipo de trabajo puede ser muy útil para desarraigar, desvelar y reescribir lo que ya no nos sirve. Cuando conectamos con nuestro niño interior con los pies en el presente, podemos transformar nuestra relación con nosotros y con los demás.

Desencadenantes para conectar con tu niño interior:
- ¿Qué necesitabas oír de pequeño que no llegaste a oír?
- ¿Qué le encantaba hacer a tu yo más joven y qué sentías cuando lo hacías?
- ¿Cuándo tuviste que abandonar tus necesidades para mantener la conexión contigo y con los demás?
- ¿A qué edad experimentaste más desafíos? ¿Qué necesitabas en aquel momento?
- ¿Cómo vivió tu yo más joven las experiencias por las que pasó?
- ¿Cómo conectarías con tu yo más joven, y cómo notas cuándo están presentes partes de tu yo más joven?

Padre o madre interior
Cubrir las necesidades de nuestro niño interior nos obliga a acceder a nuestro padre o madre interior. Yo (y muchas otras personas) me planteo esta forma de defenderme como una manera de volver a criarme. Cuidándonos de la forma que hubiéramos querido o necesitado que nos cuidaran de pequeños, y reconociendo nuestra habilidad de elegir hacerlo ahora. Tengo mi propio apoyo. Cuando te cubres tu propia espalda, de alguna forma te estás haciendo de padre o de madre.

Nuestro padre o madre interior es la parte de nosotros que se responsabiliza exclusivamente de nuestro bienestar. Es la parte de nosotros que sabe cómo satisfacer nuestras necesidades de forma compasiva y cariñosa, incluso cuando no lo queremos. Tratarnos de la manera en que necesitamos que nos traten, en vez de la manera en que nos han tratado en el pasado, y responder a nuestras experiencias, sentimientos y emociones como desearíamos que lo hicieran los demás nos permite recurrir a nuestro padre o madre interior. Volver a criarnos no siempre significa hacer lo que nos haga sentir bien; consiste en gran parte en hacer lo que es necesario, lo que a veces implica acostarse temprano, aunque una parte de nosotros preferiría quedarse viendo más videos de YouTube hasta tarde.

Conectar con tu niño interior y con tu padre o madre interior crea una oportunidad para actuar de manera distinta, y a esto es a lo que me refiero cuando hablo de vivir a partir de una historia nueva.

«¿Qué aspecto puede tener?», te preguntarás.

Imagina que es el primer día en un trabajo nuevo, y estás experimentando una gran emoción, como el miedo. Puede que aparezca tu antigua historia de no ser suficiente y te diga: «No sé ni por qué te molestas en intentarlo. No le vas a gustar a nadie. Mantente humilde. Tienes miedo de no ser lo suficientemente bueno y tienes razón». Es probable que de pequeño escucharas algo parecido. Tal vez te dijeron a menudo que solo lo aceptaras y lo superaras, en lugar de compartir este tipo de grandes emociones. Así que ahora, años más tarde, tu niño interior se activa. Y aquí es donde llega el apoyo de volver a criarte: ahora puedes defenderte de una manera diferente. Te puedes recordar que es normal sentir esa gran emoción. Te puedes decir que te mereces estar donde estás. Te puedes ofrecer ahora el apoyo que necesitabas entonces.

Puedes acceder a tu padre o a tu madre interior ofreciéndote lo que realmente necesitas. Sabes que eres suficiente tal y como eres. Puedes decirte: «Es normal tener miedo. Tiene sentido que tengas miedo en estos momentos. ¿Qué crees que necesitas para superar este miedo? ¿Qué te puedo recordar ahora mismo? ¿Cómo te puedo ayudar en estos momentos?».

Puede que te parezca raro mantener este diálogo interior, ya lo sé. Pero actuar desde esta posición, en vez de partir de tu antigua historia, crea una respuesta totalmente diferente al miedo o a cualquier otra gran emoción, obstáculo o desafío. Te permite hacer lo que quieres y necesitas, incluso cuando notas que es difícil.

Mi madre interior me apoya mucho cuando siento indiferencia o dudo si hacer lo que tengo que hacer para cuidarme. Por ejemplo, bebiendo suficiente agua, decidiendo acostarme cuando estoy cansada, programando una visita al médico si hay algo que siento que no está bien, responsabilizándome de mi vida a nivel personal y recordándome mis valores para mantenerme conectada a ellos. Lavando la ropa incluso cuando no quiero, sabiendo que me hará la vida más fácil. Acabándome la comida cuando en realidad preferiría no comer. Esto son solo algunos ejemplos del aspecto que puede tener apoyarse en tu padre o en tu madre interior. La frase «cuidarnos como lo necesitamos y como seguimos necesitándolo» sigue siendo válida.

¿Puedes pensar en ejemplos en los que aparezca tu niño interior? ¿Y tu padre o madre interior? ¿Cómo podrías acceder a estas partes de ti de una forma más intencionada? ¿Qué cambiaría si crearas una relación con estas partes de ti?

Explorar los valores
«Yo antes valoraba el hecho de asegurarme de que todo el mundo estaba bien, valoraba mi aspecto, cada éxito que tenía, cómo me percibían los demás, si hacía todo bien o no. Ahora ya no sé cuáles son mis valores, porque llevo demasiado tiempo viviendo con lo que pensaba que tenían que ser». Esta cita no es real, pero conozco a muchas personas que, como yo, han experimentado algo parecido.

A medida que vayas creciendo y cambiando, y te vayas deshaciendo de antiguas historias, puede que no estés seguro de lo que te quedará al final; de qué quedará de ti. Lo que a mí me ha ayudado mucho, y me ha parecido muy esclarecedor y alentador, ha sido reconectar con mis valores.

Cuando pregunto a la gente por sus valores, normalmente no saben ponerles nombre. Lo que suele aparecer primero son los valores que les han enseñado a tener o los valores que han presenciado a su alrededor, que no siempre están alineados con quienes eran o quienes son ahora. Y me imagino que esto nos pasa a muchos de nosotros.

La terapia de aceptación y compromiso (ACT, por sus siglas en inglés) explora los valores o las cualidades que decidimos respetar y perseguir, y ayuda a que las personas puedan vivir de acuerdo con ellos. Este proceso es empoderador porque a menudo heredamos los valores de aquellas personas que nos criaron, de las culturas en las que crecimos y de la sociedad en la que nos hicimos mayores. Y esos valores no tienen por qué ser los que elegiríamos nosotros. De forma parecida, quizá tus valores fueran diferentes cuando vivías basándote en tus antiguas historias, y por eso, volver a esta exploración ahora es tan importante.

Cuando pienses en los valores, te puede ayudar explorar lo que es importante para ti y lo que te da sentido:

- ¿Qué valores son sagrados para ti?
- ¿Qué valores guían lo que haces y cómo te muestras al mundo?
- ¿Qué valores sientes que encajan con quien eres ahora mismo?
- ¿Qué valores te parecen importantes, pero no te guían aún, y cómo podrías introducirlos en tu forma de vivir?
- ¿Qué valores encajaban contigo en el pasado, pero ahora ya no sientes que estén alineados contigo?

Ejemplos de valores

Creatividad, aceptación, ambición, fiabilidad,
generosidad, sinceridad, gusto por el juego,
compromiso, talento, responsabilidad, confianza,
singularidad, imparcialidad, justicia, amabilidad,
dominio, respeto, poder, franqueza, pasión,
espiritualidad, esperanza, integridad,
transparencia, conexión, soledad…,
por mencionar algunos.

Explora tus valores. Anótalos. Esto puede ser una práctica esclarecedora, e incluso reveladora. Algunos de mis valores son la integridad, la creatividad, la conexión, la presencia y la libertad. Cuando exploro estos valores y compruebo si me están guiando en la vida, recibo más información acerca de lo que puede que tenga que modificar. Cuando me surge una antigua historia que me dice que empequeñezca, me puedo preguntar: «¿Esto provocará que me desconecte y viva alejada de mi valor de conexión?». Puede ser una manera pragmática de recordarnos lo que es importante para nosotros. Podemos plantearnos los valores como postes indicadores. Cuando me pierdo, me fijo en mis valores para que guíen mis acciones. Varias veces al año reviso mis valores para ver si siguen encajando conmigo y si quiero identificar valores nuevos. Integrar este trabajo en tu vida es una práctica maravillosa y espero que para ti también lo sea.

Con qué deberíamos y con qué no deberíamos cargar

Reformular las historias que ya no queremos arrastrar nos lleva a menudo a reconocer lo que, desde un inicio, no tendríamos que haber acarreado nosotros. Esto es aún más cierto, por varios motivos, en el caso de las personas que están marginalizadas, personas que no encajan con el *statu quo*, personas que no tienen tantos privilegios y personas a las que no perciben en su total humanidad.

Vivimos en sistemas que nos programan para pensar de una determinada manera y para creer en ciertas cosas. Sistemas como el patriarcado, la supremacía blanca y el capitalismo influyen en cómo nos criamos, cómo se criaron nuestros padres, cómo se criaron nuestros abuelos. Los sistemas dictan quién tiene qué y quién no; quién tiene acceso a determinados lugares y quién no; quién recibe apoyo y quién no; a quién se acepta y a quién no; a quién se cree y a quién no; a quién se admira y a quién no; quién satisface sus necesidades básicas y quién no; quién merece estar a salvo y quién no. Estos sistemas también afectan lo que pensamos de nosotros y de nuestros cuerpos, y de otras personas y de sus cuerpos. Afecta a qué pensamos que «deberíamos» estar haciendo, cómo «deberíamos» estar actuando, qué se considera bueno o malo, qué se considera normal o anormal. Estas creencias se acaban convirtiendo en historias. Historias acerca de quién deberías ser, qué deberías hacer, qué significa tu identidad sobre quién eres como persona, de lo que dice tu color de piel de tu valía, de lo que dice tu sexualidad de tu bondad, de lo que dice tu fe de tu sentido de pertenencia, de lo que dice tu tamaño de tu importancia, de lo que dice tu origen de tu inteligencia... Y podría seguir. Hemos heredado estas historias de los sistemas en los que vivimos y reconocer de dónde surgen estas historias crea una oportunidad para ver qué deberíamos arrastrar nosotros y qué decidimos dejar de cargar. Personas como Sonya Renee Taylor, Audre Lorde, Angela Davis, Desiree Adaway, Rachel Cargle, Rachel Ricketts y muchas más están haciendo una increíble labor instruyendo acerca de estos sistemas y las maneras en que impactan en nuestro modo de vida, tanto a nivel interno como externo. Hablar de cómo nos han programado a todos mientras vivimos en estos sistemas es profundamente doloroso e inquietante, pero a la vez revelador. Reconocer y luego entender lo que no tendríamos que estar arrastrando nosotros es un proceso del que tomamos consciencia muchos de nosotros al hablar de estos sistemas. Movimientos, activistas y grupos de todo el mundo están desempeñando la valiente tarea de manifestarse, protestar y decir «basta ya», y exponiéndose para cambiar estos sistemas. Muchos llevan décadas haciendo esta labor, lo cual es inspirador y fascinante, a la vez que exasperante y un recordatorio de cuánto trabajo se está realizando en nuestro exterior para cambiar los sistemas que nos han provocado tanto dolor por dentro.

A medida que reformules las historias que ya no quieres arrastrar, es importante que identifiques aquellas que para empezar no fueron tuyas. Externalizar expectativas, presiones, normas, reglas, estándares, juicios, proyecciones, ideas, creencias, ideologías, estructuras, etiquetas y casillas en las que nos han estancado a tantos sin nuestro consentimiento hace que sea mucho más fácil ver qué es aquello que no nos pertenece a nosotros. Puede que al mundo no siempre le guste, pero no hemos estado nunca diseñados para abandonarnos y satisfacer los estándares que se crearon sin pensar en nuestro bienestar y nuestra integridad.

Para que explores:
- ¿Qué historias me he atribuido que en realidad no son mías?
- ¿De quién son las expectativas y las etiquetas que he interiorizado?
- ¿Cómo arrastro la conducta que he interiorizado a otros ámbitos?
- ¿Qué estoy convirtiendo en un problema mío cuando en realidad es un problema sistémico?
- ¿Qué responsabilidad estoy asumiendo que en realidad no me corresponde?

ACERCARSE A LAS POSIBILIDADES

Reformular nuestra historia es algo laborioso, pero nos proporciona muchísimas oportunidades. Si somos suficientemente creativos y capaces de crear y creernos las duras historias que hemos llevado encima durante tanto tiempo, también somos suficientemente creativos y capaces de evocar y creer que algo nuevo es posible. Reflexiónalo un momento antes de continuar.

«Haz que sea posible».

Esto lo escribí cuando apenas tenía veinte años y estaba peleándome con quién era y quién quería llegar a ser. Estaba justo entre una historia antigua y una nueva, intentando encontrar el equilibrio en un suelo tambaleante. La historia antigua quería que me rindiera y me cuestionara si exponerme de una nueva manera era posible, si lo merecía o si llegaría a pasar. La nueva historia intentaba silenciar a la antigua y devolverme la verdad sobre mí. En ese momento, recuerdo que mantuve una conversación conmigo misma. Fue algo así:

—No creo que pueda hacerlo. No creo que pueda convertirme en la persona en la que me quiero convertir.

—Haz que sea posible.

—Pero ¿y si no pasa?

—Haz que sea posible.

—¿Y si no lo merezco?

—Haz que sea posible.

—Siempre seré así.

—Haz que sea posible.

—¡No sé cómo hacer que sea posible!

—Haz que sea posible.

—¿Y si me quedo estancada, deprimida y sola?

—Haz que sea posible.

—Está bien. Tal vez sea posible.

Hace unos cuantos años me fui sola de viaje al Parque Nacional de Árboles de Josué, en el sureste de California, y me pasé seis días sola en el desierto, intentando recordar que era posible. Para muchas personas, esta experiencia podría sonar horrible, y a decir verdad, en parte lo fue. Forzarte a enfrentarte a ti mismo no es siempre la experiencia más placentera o cómoda. No es lo que se imaginan la mayoría de personas cuando visualizan unas vacaciones a solas. Pero yo estaba en un momento de mi camino de sanación en el que necesitaba encontrar espacio para mí, para ser yo misma.

Manejé las ocho horas que separan el área de la bahía de San Francisco del Parque Nacional de Árboles de Josué. Comenzó a sonar la canción «Strangest Thing» de The War on Drugs (un tema épico) justo cuando pasaba por encima de una colina y entraba en el desierto. «Justo en el momento adecuado», pensé. Mientras escuchaba la música, me quedé fascinada con los tonos rosáceos de la arena del desierto, las hileras de árboles de Josué en la carretera de Twentynine Palms y los caminos de tierra bajo las ruedas de mi coche. Cuando se acabó la canción, noté un silencio penetrante que no había experimentado nunca antes. Las ventanas estaban bajadas, y notaba el calor pegajoso en la piel. Sabía que ese lugar albergaba algo importante que descubrir. Siempre es así con los lugares majestuosos y silenciosos.

Lo que pasó a continuación no era lo que me esperaba. Me instalé en un Airbnb, y observé ese entorno desconocido. Dejé la mochila, me senté en la cama y me puse a llorar de inmediato. No era un llanto triste ni un llanto de alegría; era un llanto de cansancio. Ya conocía ese llanto. Me estaba informando de que tenía que soltar historias antiguas, maneras de estar conmigo que no estaban alineadas con lo que creía, versiones de mí misma que pensaba que tenía que ser. Estaba preparada para soltarlo todo.

En los seis días que vinieron a continuación, hice clic. Por fin noté cómo parte de las nuevas historias en cuya integración había estado trabajando tan duro se estaban arraigando un poco más profundamente en mi ser. Sentí cómo perdonaba a mi madre biológica de una forma más completa. Me perdoné por tener depresión. Noté un alivio en mi corazón y cómo de repente confiaba un poco más en mi bondad. Experimenté un mayor sentido de confianza en todo lo que aún no sabía, en vez del miedo que llevaba tanto tiempo sintiendo cuando buscaba respuestas desesperadamente.

Pero lo que me pareció más importante fue la sensación de posibilidad. Entendí que era posible cultivar las ganas de vivir, incluso con mi historia y mi experiencia con la depresión. Entendí que era posible cambiar, una y otra vez, incluso cuando sentía miedo o indecisión.

Ese viaje me ayudó a imaginar mi verdadero yo de una manera que no había imaginado nunca antes. Solidificó mi deseo de seguir viviendo a partir de nuevas historias, nuevas historias de mérito, de ser suficiente, de aceptar toda mi humanidad, de dejar que se viera mi yo verdadero y de dejar de desear ser alguien distinto o estar en un lugar distinto. Forjándome un espacio para estar realmente conmigo después de hacer tantos trabajos de sanación, pude ver, al fin, cómo todo ese trabajo me había ayudado a devolverme mi propia verdad. Por fin pude confiar en que era posible seguir adelante, seguir desaprendiendo, seguir cultivando historias que respetaran quien era.

Cuando pasamos por el proceso de entender y reformular nuestras historias, nos brindamos la posibilidad de recordar quiénes somos realmente. Creamos la oportunidad de vivir partiendo de esa base, de darnos cuenta de que tenemos el poder necesario para modificar nuestras antiguas historias y decidir cómo queremos vivir, ser y mostrarnos. El trabajo de reformular nuestras historias es complicado. Se necesita coraje y compromiso, paciencia y humildad. Se necesitan recordatorios constantes y práctica repetida, una y otra vez. Pero cuando tomamos la decisión de emprender el camino de vuelta a nuestro hogar y de eliminar las historias que ya no encajan, todo se vuelve posible.

Y cuando todo es posible, las fluctuaciones de hacer este trabajo interior valen más la pena.

Preguntas que exploro con mis pacientes en torno a la posibilidad (tú las puedes explorar en tu diario, con tu terapeuta o en una conversación informal, si te van este tipo de conversaciones, como a mí):

- ¿Qué pensaba que era imposible y ahora ya es una realidad en mi vida?
- ¿Cómo me protege o me hace sentir seguridad, de alguna forma, la imposibilidad?

Qué aspecto pueden tener las posibilidades:

- Reconocer la variedad de elección que posees.

- Reservar espacio para lo que podría llegar a ser.

- Mirar más allá de los límites.

- Valorar tu capacidad de crecer, mudar, avanzar y cambiar.

- Explorar lo que quieres y perseguirlo.

- Recordar que siempre puede haber más.

- ¿Qué me gustaría que fuera posible, pero sé a ciencia cierta que no lo es, y cómo puedo llegar a aceptarlo?
- ¿Qué no estoy seguro de que sea realmente imposible pero digo que lo es?
- ¿Qué pasaría si concediera más espacio a la posibilidad?

SEGUIR ADELANTE

Al llegar aquí, te invito a recordar lo que has aprendido (o recordado) hasta el momento.

Has aprendido cómo se generan nuestras historias. Has explorado cómo se presentan en tu vida y por qué tienen sentido en tu contexto personal. Has examinado qué historias ya no te sirven de nada y qué historias es posible que estés preparado para ir soltando lentamente. Te he presentado varias mentalidades, prácticas y maneras de estar contigo. Has aprendido por qué reformular nuestras historias puede ser tan poderoso. Ahora te toca explorar qué historias quieres seguir llevando contigo. Ahora te toca explorar qué es posible. Espero que estés orgulloso de ti por estar haciendo esta labor y dedicarte de lleno a ella. Estoy orgullosa de ti.

Nosotros somos los creadores de nuestras vidas. Es muy difícil de creer antes de ganar la perspectiva que espero que ya hayas encontrado en la segunda parte de este libro. La verdad es que podemos elegir quiénes somos. Podemos elegir cómo nos cuidamos y cómo nos mostramos al mundo. Podemos decir: «Entiendo de dónde vienen esas historias y cómo se manifiestan. Tiene sentido que se crearan. Tengo más conocimiento acerca de cómo puedo cultivar nuevas maneras de estar conmigo y crear espacio para quien realmente soy. Y estoy dispuesto a hacer lo necesario para lograrlo».

Cuando pasamos por el proceso de entender y reformular nuestras historias, nos brindamos la oportunidad de redescubrir que somos suficiente. Pasar de «no soy suficiente, soy indigna, soy un error» a «siempre soy suficiente, siempre soy digna y estaba destinada a estar aquí» me ha permitido vivir mi verdad. Así que…, ¿quién eres realmente debajo de las antiguas historias con las que has estado cargando y que has estado escudriñando? ¿Quién eres, antes de ser quien los demás te dicen que eres? Antes de que alguien o algo ajeno te asignara una identidad; antes de las etiquetas, de los roles, de la rigidez, de las máscaras, de las fachadas; antes de fingir, de encubrir, de esconderte, de esconderlo todo; antes de empequeñecer, de negar, de avergonzarte, de conformarte, de evitar y de adaptarte; antes de que empezaras a obedecer las normas de quien se «suponía» que tenías que ser, ¿quién eres en el centro de tu ser?

Puede que no tengas una respuesta, y no pasa absolutamente nada. Estas son preguntas que no nos planteamos a menudo. Y sin embargo, tu calidad de ser tú está esperando a que la reivindiques. Mediante la honesta labor de pensar en tus propias historias, y la valiente tarea de empezar a reformularlas y soltarlas, nos damos la oportunidad de enfrentarnos, al fin, cara a cara con nuestra verdad, a menudo por primerísima vez.

- ¿Qué historias quieres llevar en tu interior de ahora en adelante?
- ¿Qué historias quieres seguir reescribiendo y viviendo?
- ¿Qué historias crees que están alineadas con tu integridad y tu bondad?
- ¿Qué historias te hacen sentir empoderado, apoyado y fortalecido?
- ¿Qué historias te permiten ser exactamente el que eres?
- ¿Qué historias te ofrecen una mayor oportunidad de aceptación y compasión?
- ¿Qué historias notas que son adecuadas, verdaderas, reales, genuinas?

- ¿Qué historias describen a la persona que quieres seguir siendo, la persona que ya eres?

Antes de pasar a la tercera parte, te invito a hacer otra pausa. Fíjate en las sensaciones de tu cuerpo, en los pensamientos que se puedan estar formando, en las historias que puedan estar surgiendo... y envuélvete con tus brazos. Abrázate con fuerza. Así te brindas aceptación y te recuerdas tu propia presencia. Yo te valoro en la distancia. Continuemos.

Ganar libertad

INTEGRAR NUESTRAS HISTORIAS

Durante mucho tiempo no me podía imaginar en ningún estado que no fuera de dolor. Estaba tan acostumbrada a sentirme así, que una parte de mí no quería ni plantearse que pudiera estar de cualquier otra forma. Estar dolida se convirtió en mi identidad. Sanar representaría deshacer gran parte de quien creía que era. Deshacer, desaprender y desvelar me parecía casi tan aterrador como quedarme estancada en esa identidad. Veo lo mismo reflejado en muchos de mis pacientes. Lo veo en muchos de nosotros. La vacilación a la hora de permitirnos sanar, a la hora de saber que es algo que nos merecemos profundamente.

Yo elegí sanar, aunque a veces es escalofriante. Les puse nombre a mis historias. Intenté entenderlas y luego me dispuse a reescribirlas. «No lo merezco» se convirtió en «Lo merezco tal y como soy». «Hay algo en mí que no funciona» se convirtió en «simplemente estoy sufriendo». «No encajo aquí» se convirtió en «siempre encajo». «Nadie me puede querer» se convirtió en «Me pueden querer porque es una cualidad que llevo de forma innata». Poco a poco, fui capaz de vivir desde la verdad de quien era. «No soy suficiente» se convirtió en «Siempre he sido suficiente».

Hasta la actualidad, sigo practicando todo lo que he compartido contigo en este libro. Seguiré practicándolo durante el resto de mi vida. Esto es lo que significa integrar nuestras historias: incorporar todo lo que hemos aprendido en la realidad que vivimos. En neurociencia, a menudo dicen: «Lo que se activa junto permanece junto», o sea, que lo que hacemos repetidamente crea nuevas rutas en el cerebro. Vivir desde nuevas historias no es tan sencillo como decirlo en voz alta. Tenemos que ajustar nuestras reacciones, decisiones, relaciones, creencias, mentalidades, prácticas, hábitos y patrones una y otra vez.

La integración hace que pasemos de practicar nuevas maneras de estar con nosotros a encarnar nuevas maneras de ser. Según el *Merriam-Webster Dictionary*, el equivalente en inglés de «encarnar», *embody*, significa «darle cuerpo a algo». En este sentido, le estamos dando a nuestro cuerpo historias nuevas. Cuando nos expresamos de manera que honramos nuestra dignidad, lentamente encarnamos esa dignidad. Cuando nos expresamos desde una posición de ser suficiente, empezamos a encarnar la sensación de ser suficiente. Cuando emprendemos prácticas que demuestran que nos cuidamos, empezamos a encarnar la creencia de que merecemos el cuidado. Encarnar significa que a pesar de que en algunas ocasiones podamos cuestionarnos u olvidar (porque somos humanos), realmente creemos que somos dignos y suficientes. Así es como las nuevas historias extienden sus raíces en lo más profundo de nuestro ser.

En lo que queda de esta sección exploraremos lo que es posible cuando llevamos vidas plenas, de lo que somos capaces cuando vivimos desde nuestra verdad. Qué puede brindarnos apoyo en el proceso y cómo hacerlo no solo nos cambia la vida a nosotros, sino que también cambia las comunidades de las que formamos parte y el mundo en el que vivimos. Cuando me imagino a todos los humanos sintiéndose suficientes, me imagino un mundo mejor, más conectado y más bonito para todos. Me lo imagino a menudo.

Hay muchas cuestiones que nos pueden brindar apoyo en este proceso. Voy a compartir algunas de ellas, pero te invito a adentrarte en el tema y explorar lo que puede que no haya mencionado. Al fin y al cabo, tú eres quien se conoce mejor. ¿Qué te ayuda a estar alineado con tu verdad? ¿Qué te brinda apoyo para recordar lo que es importante para ti? ¿Qué te mantiene anclado? Honra lo que sabes de ti. Date permiso para ponerle el nombre que se merece y vivir a partir de ahí.

Algunas preguntas que se deben tener en cuenta acerca de la sanación y la integración:

- ¿Qué indecisiones, miedos o dudas te surgen cuando piensas en crecer y sanar?
- ¿Crees que te mereces sanar?
- ¿Qué representa para ti vivir dignamente?
- ¿Para ti, personalmente, qué significa *sanar*? ¿Qué aspecto tiene?
- ¿Cómo lo sabrías, si estuvieras sanando? ¿Qué notarías distinto?
- ¿Qué has menospreciado que en realidad podría haberte sanado?
- ¿Qué historias te apoyan ahora mismo en la sanación?
- ¿Con qué historias eliges vivir a partir de ahora?

MANERAS DE INTEGRAR TU HISTORIA

Elegir rituales
Un ritual es todo lo que se haga conscientemente y con intención, de forma repetida, tanto si se trata de encender una vela por la noche o sacar una carta del tarot por la mañana. Los rituales invitan a que se generen momentos de pausa y contemplación, que son oportunidades para conectar nuestras intenciones con nuestras acciones e integrar nuestras historias de mérito, bondad y capacidad. Los rituales han sido una parte importante de la sanación en muchas culturas durante siglos, algo que de una forma u otra se ha ido perdiendo en la cultura occidental. Los rituales también se han dejado de lado a medida que nos hemos ido apartando cada vez más de la conexión con las estaciones y los ciclos de la naturaleza, que intrínsecamente son parte de nosotros. Aprender cuáles son los rituales de otras culturas, así como observar la vida en conexión con las estaciones, es una manera preciosa

de recordar las raíces de la humanidad; las maneras de hacer de antaño que han educado y apoyado a la gente desde tiempos inmemoriales. Reconectar con los rituales de alguna forma que nos resulte revitalizadora y significativa es un regalo que nos hacemos a nosotros mismos.

Qué aspecto pueden tener los rituales:
- Hacer estiramientos cada mañana.
- Encender una vela o incienso cuando nos despertamos o antes de dormirnos.
- Prepararnos una taza de té y practicar la consciencia plena durante todo el proceso.
- Sacar una carta de tarot o una tarjeta con una afirmación o una intención cada día.
- Involucrarnos con los ciclos o ceremonias de la luna.
- Darnos tiempo para practicar ejercicios de respiración a la mitad del día.
- Escribir de manera regular como un modo de comprometernos a reflexionar de forma continuada.
- Repetirnos un mantra una vez al día.
- Seguir el pulso de las estaciones.
- Hacer una pausa antes de comer para fijarnos en cómo nos sentimos.

Uno de mis rituales preferidos es sacar una carta del tarot cada mañana. Y no lo hago para predecir el futuro. Cada carta representa una idea (un as de espadas representa nuevos inicios, por ejemplo) y cuando miro la carta, me fijo en lo que me sugiere; cómo se conecta con lo que siento, cómo puede influir en la manera en la que me expreso ese día. Es muy sencillo, pero esos pocos minutos en los que miro la carta me dan espacio para hacer una pausa y contemplar. Las cartas, simplemente nos hacen volver a nosotros mismos.

Los rituales pueden cambiar con las estaciones, con diferentes fases de nuestras vidas, cuando surgen necesidades diferentes y cuando cambian nuestros horarios. Lo más importante es utilizar estos rituales como una manera de observar cómo estamos.

Un ritual no tiene que ser complicado para ser significativo y revitalizador. ¿Qué pequeño ritual te gustaría implementar en tu vida durante esta temporada? ¿Qué rituales sientes que te brindan apoyo? ¿Qué estás haciendo ya que te gustaría convertir en un ritual?

Mi paciente Jen también se planteó estas preguntas. Descubrió que uno de los rituales que la ayudaba a salir de su perfeccionismo era mostrarse gratitud a sí misma cada día. No importaba el cuándo ni el cómo, pero cada día se comprometía a escuchar tres temas que había agradecido de su yo más caótico y completamente humano. Forjar este ritual le permitió practicar la autoaceptación, que es un antídoto del perfeccionismo. Lo que empezó siendo un ritual se convirtió rápidamente en una manera de expresarse de forma distinta.

Jen se permitió expresarse de manera imperfecta y en su más completa humanidad fuera de las sesiones. Se iba a la universidad sin rizarse el pelo cada día. Dejó de compartir exclusivamente el mejor *reel* en las redes sociales. Acababa los proyectos sin tener que arreglar siempre algo más. Se inscribió a clases de baile y se permitió ir con los principiantes. Conectó con sus amigos de una forma más genuina, lo cual hizo que profundizara en sus relaciones. Llevando a cabo todas estas prácticas, fue capaz de ver que no necesitaba luchar por la perfección para sentirse digna y suficientemente buena; solo tenía que confiar en que ya era eso.

La historia de Jen hizo una suave transición del «Solo soy digna cuando soy perfecta» a «Siempre soy digna, incluso cuando me equivoco». Al soltarse de las garras de la perfección, se dio permiso para probar algo nuevo, compartir con los demás cómo se sentía en realidad, y tener compasión por sí misma cuando cometía errores. Se dio oportunidad de fracasar sin ser un fracaso. Se liberó.

Jen es un ejemplo perfecto de lo que nos puede aportar liberarnos de nuestras historias: libertad, sí, pero también espacio, margen, y una claridad y ligereza que hacen que vivamos, conectemos y amemos más por completo. No estoy diciendo que dejara de sentir totalmente la tendencia a ser perfecta, pero entender su vieja historia, reformularla e integrar una historia nueva la ayudó, y mucho. En otras palabras, sanar no era algo más en la lista que Jen tenía que hacer a la perfección. No tenemos que ser perfectos a la hora de vivir en nuestras historias nuevas; solo tenemos que permitirnos ser completamente humanos, expresarnos de todas formas y volver a intentarlo. Jen dejó de rendirse cuando algo no era perfecto y lo siguió intentando, una y otra vez. Hacerlo le brindó la plenitud que la perfección no le permitía sentir, la plenitud que llevaba tanto tiempo buscando.

Establecer rutinas

Los rituales crean momentos de pausa y contemplación, mientras que, desde mi punto de vista, las rutinas son compromisos con las acciones que nos permiten estar bien y sentirnos completos. Consisten en hacer lo que se tiene que hacer. Acceder a nuestra madre o padre interior nos brinda apoyo cuando ejecutamos rutinas. Son la parte de nosotros que sabe lo que necesitamos y se responsabiliza para que satisfagamos esa necesidad que nos puede apoyar. Las rutinas pueden ser tan simples como desayunar a la misma hora cada día o planificar un menú semanal para evitar el estrés. Aunque necesitemos margen para la flexibilidad en nuestros horarios, introducir rutinas en nuestros días, nuestras semanas o en nuestra vida puede ser increíblemente favorable. Hay personas que necesitan más rutinas que otras, y según tus horarios, las rutinas tendrán un aspecto u otro. Lo importante es observar nuestro interior para explorar qué aspecto podría tener una rutina saludable y sostenible durante esta temporada. Nuestras rutinas pueden fluctuar, pero comprometerse con una es una manera preciosa de respetar nuestro tiempo y nuestras necesidades.

Qué aspecto pueden tener las rutinas:
- Salir a pasear cada día antes de ver el teléfono.
- Hacer meditación al despertarte.
- Preparar varias comidas los domingos por la noche para liberar tu semana.
- Responder correos solo en determinados momentos del día.
- Confeccionar rápidamente una lista de tareas del día antes de desayunar.
- Encontrar tiempo para hacer tareas diarias y del hogar.
- Salir con algún amigo o amiga una vez al mes.

Cuando estuve en el punto más profundo de mi depresión, no salía de la cama hasta por lo menos las diez de la mañana. Esto significa que no desayunaba hasta que me moría de hambre, lo cual a su vez significaba que me agobiaba intentando decidir qué comer y me hacía aún más difícil el proceso de alimentarme. De hecho, todo acababa siendo más difícil. Como puedes ver, salir de ciertas rutinas nos puede desorientar, dejarnos más perdidos que un pulpo en un garage. Esto demuestra que las rutinas nos ayudan enormemente a vivir alineados con nuestro mérito, nuestra bondad y nuestra capacidad.

Los rituales y las rutinas pueden ser simples y tener un gran impacto a la vez. El aspecto más importante de ambos es tener en cuenta tus necesidades y encontrar maneras sostenibles de satisfacerlas a lo largo de la semana. Los rituales y las rutinas nos ofrecen maneras de practicar la consistencia, un elemento clave en cualquier proceso de sanar. Hacen que sigamos exponiéndonos, incluso cuando es incómodo y no nos hace sentir bien. Cuando practicamos rituales que nos alientan, recordamos que nos lo merecemos, lo cual refuerza nuestra historia de mérito. Cuando practicamos rutinas que favorecen nuestro bienestar, recordamos que nos merecemos aquello que nos hace sentir bien. Cuando ponemos en práctica rituales y rutinas en nuestra vida diaria, actuamos de forma alineada con cómo queremos expresarnos. Ir a dar un paseo diario me da un tiempo para reflexionar. Aplicarme un aceite que nutre la piel de la cara por las noches me indica que me merezco que me cuiden. Todos los rituales y las rutinas que practico me apoyan para integrar las historias de mérito, bondad y capacidad. Me indican que me merezco que me cuiden de forma intencionada y regular. Yo he encontrado tres prácticas que son una manera revitalizadora e intuitiva de continuar viviendo desde las historias que están alineadas con mi verdad. Encontrar cuáles encajan contigo podría iluminarte nuevas maneras de estar contigo y nuevas maneras de valorar las historias en las que vives actualmente.

Dar espacio a la alegría, al ocio y a la simplicidad
Cuando las historias antiguas y dolorosas nos ahogan, nos puede costar acceder a la alegría, al ocio y a la sensación de simplicidad. Guiarnos por nuestro dolor se convierte en la norma y es lo que solemos ver a nuestro alrededor. Cuando reformulamos e integramos nuevas historias, uno de los resultados más poderosos es un mayor acceso a nuestros derechos de nacimiento: la felicidad, el ocio y la simplicidad. Podemos llegar a olvidar que tenemos estas aptitudes en nuestro ser.

Si viviste en una historia en la que sentías que te tenías que ganar el descanso, el ocio o la simplicidad de todo, puede que, normalmente, te cueste dar espacio para ello de forma intencional. Si gastas la mayor parte de tu energía moldeándote para poder encajar, puede que no sientas mucho alivio. Si fueron muy estrictos contigo y te castigaban sin jugar, puede que hayas tenido la sensación de que el ocio era un lujo en vez de una necesidad.

En vez de esto:	Prueba esto:
Revisar el celular al despertarte.	Escribe en tu diario o haz estiramientos antes de tomar el celular.
Ver los correos electrónicos durante todo el día, sin pensar.	Establece momentos para ver el correo conscientemente cuando seas capaz de hacerlo.
No tener la cena planificada y llegar a casa con tanta hambre que no puedes pensar.	Planifica unas cuantas comidas para aliviar el estrés y nutrirte.
Esperar hasta estar agotado para bajar el ritmo y descansar.	Reserva momentos para descansar a lo largo de la semana.
Estar sentado en el mismo lugar todo el día.	Insiste en levantarte y mover el cuerpo regularmente.

Pero cuando, poco a poco, vamos entendiendo nuestro mérito, nuestra bondad y nuestra capacidad, nos damos cuenta de forma natural de que nos merecemos cultivar aquello que nos aporte alegría, los espacios en los que podamos gozar del ocio y las maneras en que podemos traer más simplicidad a nuestras vidas. Desaprender historias difíciles puede permitirte comprenderlo aún con mayor profundidad. Empiezas a reconocer que todo esto no te lo tienes «que ganar», por mucho que las antiguas historias te digan lo contrario.

Imagínate tu yo en la infancia, el yo que existía antes de que heredaras y crearas creencias acerca de quién eres o quién pensabas que tenías que ser.

Piensa en tu niño interior, en las partes más jóvenes de ti que tal vez no pudieron expresarse a través de la alegría, del ocio o de la simplicidad:

- ¿Cómo era la versión más joven de ti?
- ¿Con qué disfrutabas?
- ¿Qué era importante para ti?
- ¿Qué te hacía reír a carcajadas?
- ¿Qué te emocionaba y te deleitaba?
- ¿Cómo era tu energía?
- ¿Qué te hubiera encantado hacer?
- ¿Cómo te expresabas?

Esas partes de nosotros aún existen en nuestro interior. A medida que vivimos en historias nuevas, damos lugar a toda nuestra humanidad y, naturalmente, creamos espacio para esas partes de nosotros con las que hemos perdido el contacto. Conectar la alegría, el ocio y la simplicidad y cultivarlos ha sido uno de los aspectos más significativos de mi sanación: recordar mi amor por la naturaleza, mis ataques de risa descontrolados, mi infinita curiosidad por el mundo y por los demás. Vivir en una historia de mérito, bondad y capacidad me ha permitido recuperar estos aspectos de mí. Me pongo a llorar de alegría cuando mi marido trae helado a casa. Coloreo con lápices de colores solo porque me gusta el contacto del lápiz con el papel. Salgo a pasear y me fijo en los pequeños detalles que me rodean. Durante mucho tiempo, todo esto me parecía que era para todo el mundo menos para mí. Pero ya no. Crear historias que giran en torno a la alegría, al ocio y a la simplicidad me ayuda a seguir conectada a todas las partes de mí, incluso cuando las antiguas partes de mí dudan o se plantean si algo está bien o no.

Hay una persona que me inspira enormemente acerca de cómo crear espacio para la alegría, el ocio y la simplicidad: la escritora Elizabeth Gilbert. Comparte regularmente el arte que crea solo por diversión, los pequeños momentos en los que se fija en su vida diaria, los milagros que existen en el mundo, el placer que nos envuelve cuando nos soltamos un poco. Identificar a personas como Elizabeth Gilbert, que son un referente acerca de cómo podría ser nuestra vida si viviéramos en esas partes de nosotros, es un potente recordatorio de que vivir así es posible.

Te invito a hacer una lista de cómo sientes tú la alegría, el ocio y la simplicidad:
- ¿Qué es lo que te aporta más alegría?
- ¿Qué haces para disponer de más tiempo para el ocio?
- ¿Qué aspecto tiene la simplicidad para ti?
- ¿Quién eres en el núcleo de tu ser, debajo de todos tus roles?
- ¿Con qué te sorprendes más?
- ¿Qué te fascina?
- ¿Cuándo sientes una pizca de magia en tu vida?
- ¿Qué actividades hacen que pierdas la noción del tiempo?
- ¿Desde dónde miras el mundo? ¿Desde un prisma de novedad y de exploración?

Qué aspecto puede tener la alegría

Reírte más de lo habitual, bailar tu canción preferida, saborear una buena comida, ponerte tu ropa favorita porque sí, estar totalmente presente con la bondad abanderando tu vida... ¿Qué añadirías?

Qué aspecto puede tener el ocio

Bajar rodando por una cuesta cubierta de hierba, colorear, crear, hacer lo que te guste solo por diversión, probar algo nuevo, participar en actividades que te hagan sentir vivo, practicar la consciencia plena, perder la noción del tiempo, reír, despreocuparte... ¿Qué añadirías?

Qué aspecto puede tener la simplicidad

Permitir que las cosas sean fáciles, dejarte ayudar, hacer lo que se te da bien, aceptar que las cosas van bien, bajar el ritmo, permitir que la vida fluya, aceptar las cosas como vienen, planificar... ¿Qué añadirías?

Comprometernos a priorizar la alegría, el ocio y la simplicidad es un acto radical en un mundo que lo ignora tan fácilmente. La simple idea puede parecerte muy desafiante ahora mismo, pero espero que a base de explorar estas cuestiones y conectar contigo mismo para ver lo que te surge, obtengas una imagen más clara de cómo puedes ser capaz de dejar que estas partes de ti ocupen más espacio en tu vida.

Priorizar el placer
Profundizar la sensación de las experiencias positivas.

Permitirte recibir placer en todas sus formas.

Hacer que de alguna manera los momentos ordinarios sean especiales.

Hacer actividades por el simple hecho de disfrutarlas.

Escuchar música que te evoque sentimientos positivos.

Descubrir el placer en pequeñas actividades.

El placer viene de muchas formas. Cuando lo priorizamos, priorizamos nuestro disfrute. Cuanto más lo hagamos, más profundamente se arraigarán las historias que nos dicen que nos merecemos el placer.

Durante muchos años, no hice nada especial para mí. Hacía lo mínimo y nada más. Era como si sentir placer estuviera fuera de mi alcance o fuera solo para unos pocos elegidos. Pero la verdad es que simplemente no me parecía que lo mereciera.

Ahora que vivo en mi bondad, en mi valor y en mi capacidad, el placer se ha convertido en una parte importante de cuidarme y respetarme. Me he dado cuenta de que cuando me paso unos minutos de más preparando la comida y haciendo que se vea bonita en el plato, la experiencia de cenar se convierte en algo especial. Cuando me paro a oler una flor durante un paseo, se convierte en un momento sagrado. Cuando abrazo a mi marido unos segundos más de lo habitual, me revitaliza. Cuando utilizo una mascarilla facial especial un martes por la noche, simplemente porque sí, sien-

Priorizar el placer es una manera de

ensalzar tu capacidad de sentirte bien.

to que me estoy regalando un lujo. Estas pequeñas maneras de infundir el placer en mi vida diaria me reafirman que me merezco experimentar placer regularmente, sin tener que ganármelo. Y punto. Todos nos lo merecemos.

¿Cómo es tu relación en el placer? ¿Qué te surge cuando lees esta palabra? ¿Cómo te han condicionado a ver el placer? ¿Has tenido algún referente (o ninguno) que priorizara el placer? ¿Qué tipo de persona crees que se merece una vida de placer? ¿Cómo te imaginas que sería incluir el placer en tu vida?

En el libro *Pleasure Activism (Activismo del placer)*, la escritora adrienne maree brown explora el hecho de que el placer, por sí mismo, sea una revolución personal, especialmente en un mundo que ni lo fomenta ni hace que sea de fácil acceso. Su libro me ha enseñado mucho acerca de la naturaleza y del poder radical del placer. Explorar cómo aportar más placer a tu vida, ya sea a nivel físico, emocional, sexual, espiritual o de cualquier forma, es una manera muy sólida de sacudir cualquier antigua historia que te dijera que no te lo merecías. Cuando hacemos que el placer se convierta en una parte regular de nuestra vida, también estamos integrando las historias que nos permiten saber que nos lo merecemos con creces.

Aceptar el caos

El proceso de entender y reformular nuestras historias es lo que nos permite reconocer, modificar y vivir nuestra totalidad. Nos aporta oportunidades para elegir lo que podemos controlar y aceptar aquello sobre lo que no tenemos ningún control. Nos ofrece un armazón en el que vivir momento a momento, día a día, con más consciencia y cuidado. Lo que no hace es eliminar el caos de ser humanos.

En ningún momento nuestras vidas serán impecables, predecibles, perfectas, completas, sin defectos y sin desafíos. A veces las antiguas historias reaparecerán.

Hay algo de lo que hablo a menudo (y me doy discursos motivadores a mí misma sobre el tema): deberíamos aceptar el caos en vez de intentar constantemente deshacernos de él.

¿Qué quiero decir con eso?
- Me refiero a no dejar que el caos de ser humanos nos haga pensar que somos malos.
- Me refiero a permitirnos no acertar siempre.
- Me refiero a recordar quiénes somos cuando olvidamos nuestra verdad.
- Me refiero a saber que la perfección o la compleción de algo nunca fue el objetivo.
- Me refiero a entrever nuestra bondad entre los fragmentos de caos.
- Me refiero a ver nuestra humanidad completa, en vez de centrarnos en los momentos más complicados.
- Me refiero a permitirnos reír cuando se desencadene un vendaval de manera totalmente inesperada.
- Me refiero a valorar el hecho de que estemos constantemente aprendiendo y desaprendiendo.
- Me refiero a reconocer cuándo vivimos basándonos en nuestras antiguas historias y activar la curiosidad en lugar de las críticas.
- Me refiero a perdonarnos cuando nos demos cuenta de que estamos siendo críticos en vez de curiosos.
- Me refiero a dejar que el proceso de crear nuevas historias no siga un camino delineado y claro.
- Me refiero a saber que habrá temporadas más fáciles y temporadas más desafiantes.
- Me refiero a permitir que el caos sea una parte de nuestra humanidad, en lugar de avergonzarnos de él.

Para aceptar el caos de la vida necesitamos dejar de utilizar nuestros traspiés o errores como prueba de que somos un fracaso. Es decir, tenemos que estar dispuestos a atravesar la incertidumbre y lo desconocido sin juzgar. Tenemos que saber que la vida no está predeterminada a ser de una manera ni tener un aspecto concreto, sino que cambia constantemente y a menudo es impredecible. Nos tiene que parecer bien que nuestras antiguas historias reaparezcan de vez en cuando, en vez de dar por sentado que es un paso atrás. Tenemos que soltar nuestras expectativas, que están constantemente expandiéndose, para poder estar completamente con lo que hay. Tenemos que saber que somos suficiente tal y como somos. Esto se lo recuerdo a mis pacientes a menudo, especialmente a Jen.

«¡Guau! No pensaba que jamás dejaría que me vieran así», dijo Jen en una sesión un día. Me explicó que, cuando nos conocimos, al principio, me había mentido. Me había dicho que era feliz aunque en realidad no lo era. Y se puso a llorar. «Me cuesta mucho dejar que me veas así». Para Jen, compartir la verdad de quién era realmente era algo extremadamente difícil. La halagué por su valentía. Le expliqué que es muy común querer esconder las partes de nosotros que hemos considerado malas o dañadas. Le recordé que precisamente las partes que escondemos son las que normalmente necesitan ser expuestas, que tenemos que recordar que encajan en nosotros y que también las acogemos.

A medida que Jen revisaba esta historia de perfeccionismo, empezó a notarlo por todas partes. En cómo se preparaba comidas perfectamente proporcionadas, en cómo llegaba a clase unos minutos antes de empezar, preparada para demostrar cuánto sabía, en cómo mantenía su departamento impecable, en cómo se negaba a que los demás la vieran con su pelo naturalmente rizado porque alguna vez le dijeron que parecía desarreglado, en cómo se negaba a que la ayudaran en aspectos en los que ella aún no se sentía competente… Gran parte de su vida estaba dictada por esta historia, que le impedía vivir partiendo de su increíble yo completo, caótico y complejo.

«La necesidad de perfección no salió ni de mí —dijo Jen—. Yo no creé esa necesidad. Me la creó otra persona. Yo solo obedezco».

Jen empezó a mostrar cada vez más la totalidad de su humanidad en nuestras sesiones. En vez de ocultarse y mantener una imagen por las nubes, me permitió entrar. Dejó de intentar impresionarme. Se permitió compartir su dolor en vez de sus logros. Se dio permiso para llorar sin disculparse. Se permitió ser sincera, incluso cuando era difícil. Admitió que la viera en su caos. «Tu caos también es bueno —le recordé—, eres digna incluso cuando cometes errores». Me dispuse a validar y valorar su caos realmente como una manera de enseñarle que no pasaba nada por dejarse ver tal y como era, que yo seguía viendo su valor en medio de todo eso. Porque realmente lo veía.

En la historia de Jen, aceptar el caos significaba darse permiso para mostrarse imperfecta, perdonarse cuando cometía errores inevitables, estar dispuesta a pedir ayuda cuando la necesitaba, permitir que la vieran de una forma extremadamente honesta y volver a la verdad de que era buena, incluso en su caos, como el resto de nosotros.

Jasmine acogió el caos de una forma un poco distinta. Para ella, significaba encontrar la valentía para decir que no cuando realmente necesitaba decir que no. Significaba recordarse una y otra vez que no tenía que prescindir de sus necesidades para ser buena, como el resto de personas. En mi historia, acoger el caos significa aceptar mi incertidumbre, mi luto, mis dudas, mis miedos, vacilaciones, errores, olvidos y todo lo que hacía imperfectamente. Significa aceptar mi yo profesional y mi yo completamente humano. Significa recordarme que el caos es una parte natural de ser humana, como el resto de personas.

Yo creo con todas mis fuerzas que acoger el caos me ha cambiado la vida. Cuando empecé con este libro, estaba muy perdida, confundida e insegura acerca de lo que estaba haciendo y por qué.

Pensaba que este camino de sanar me llevaría por un sendero claro y directo. Pero en vez de eso, me sentía como en un laberinto. Sin embargo, poco a poco me di cuenta de que el objetivo no era alcanzar ninguna conclusión o destino final. El objetivo no era hacerlo a la perfección, averiguarlo todo, encontrar aquello que me salvaría o apresurarme a recorrer aquello que tiene que ser un proceso de toda una vida. El objetivo era dejar que el caos me pareciera bien.

La práctica de acoger el caos requiere, en cierto sentido, que nos rindamos. Que aflojemos nuestras ideas percibidas de control. Pero cuando no sabemos qué vendrá a continuación o qué pasará, nos abrimos a la verdad de que con la incertidumbre llega la posibilidad, la sorpresa y la oportunidad de que las cosas sucedan mejor de lo que hubiéramos podido llegar a imaginar.

Reflexiones:
- ¿Qué te resulta complicado a la hora de aceptar el caos humano?
- ¿Cuál es tu obstáculo a la hora de permitir que el caos sea aceptable?
- ¿Quién te da miedo que te juzgue si aceptas el caos?
- ¿A quién admiras por acoger la totalidad de su caos?
- ¿Qué pasaría si respetaras el caos un poco más?
- ¿Qué cambiaría si el caos se convirtiera en algo que respetar en vez de algo que arreglar?

Afirmaciones para acoger
tu humanidad:

Tus historias no te hacen malo;
te hacen humano.

Tus errores no te hacen malo; te hacen humano.

Tu caos no te hace malo; te hace humano.

Tus necesidades no te hacen malo;
te hacen humano.

Tu confusión no te hace malo;
te hace humano.

Las partes de ti que necesitan sanar no
te hacen malo; te hacen humano.

Tu humanidad no te hace malo;
te hace humano.

Puedes acoger tu propia humanidad.
Tu humanidad es buena.

VALORAR NUESTRO YO COMPLETO

El criterio es la habilidad de juzgar bien. Una gran parte de este libro ha girado en torno a discernir lo que valoramos y lo que queremos, necesitamos, deseamos y creemos de lo que nos han enseñado a valorar y querer, necesitar, desear y creer. Este trabajo continuo nos apoya para moldear antiguas historias. Pero tener criterio también incluye saber con quién compartir partes de ti, qué partes, y cuándo y cómo. ¿Con quién compartes todo? ¿A quién permites que perciba tu yo completo? ¿A quién le abres el corazón?

Tener criterio es una de las prácticas más fundamentales para respetarte y escucharte. Es la puesta en práctica de la autoconfianza. Como ya sabes, confiar en ti puede ser extremadamente desafiante si te has pasado años, o incluso una vida entera, silenciando tu propia voz. Es difícil confiar en ti si te dijeron constantemente que tus pensamientos, sentimientos o creencias eran erróneos.

Tener criterio se vuelve algo más natural a medida que reconocemos con más facilidad lo que nos funciona y lo que no, lo que nos hace sentir bien y lo que no, lo que es bueno para nosotros y lo que no. Y esto, como el resto de las cosas, se adquiere con práctica.

En cuanto lo hayas definido, los límites te ayudan a mantener lo que quieres en tu vida y lo que no quieres fuera de ella.

Mi definición preferida de *límites* la proporcionó el profesor Prentis Hemphill, instigador de un movimiento y profesor de somática, cuando dijo: «Los límites son la distancia a la que te puedo querer a ti y a mí a la vez». Esta descripción demuestra que los límites no son negativos, ni hostiles, ni pretenden castigarnos: nos permiten valorarnos a nosotros y a los demás al mismo tiempo.

Establecer límites consiste en estar predispuesto a actuar y tomar decisiones para mantenerte alineado contigo mismo. Los límites a veces incluyen a otras personas, pero en un inicio no son para los demás; son para ti. Necesitamos límites con la tecnología, con el consumo, con el trabajo, con la familia, con todo. Yo tengo límites con mi celular (no utilizarlo antes o después de una hora determinada del día; no responder mensajes a menos que tenga la capacidad de hacerlo; no subir nada a las redes sociales a menos que me haga sentir bien hacerlo). Tengo límites con el trabajo (no trabajar durante las horas en las que no rindo a la perfección; no responder a correos los fines de semana; no aceptar más trabajo del que puedo hacer). Tengo límites con las relaciones (pasar tiempo con gente cuando me hace sentir bien en vez de cuando siento que estoy obligada a ello; no forzar las amistades que de forma natural se han ido quedando en nada; no hablar de determinados temas con ciertas personas que no saben comunicarse de forma respetuosa). Tengo límites con el consumo (no leer todos y cada uno de los libros de autoayuda que existen; no seguir a demasiada gente en las redes sociales). Estos son solo algunos ejemplos de cómo nos pueden servir los límites a nosotros. Los límites son maneras de proteger lo que necesitamos, queremos y deseamos como algo importante y necesario.

En las antiguas historias, puede que te haya costado establecer límites. Puede que hayas moldeado límites para complacer a los demás. Puede que hayas sentido que tus necesidades no eran importantes y consecuentemente tampoco lo eran tus límites. Puede que te hayan hecho sentir culpable por preocuparte de tus propias necesidades y crear límites con esos fines. Los límites no son fáciles de obedecer cuando vivimos en historias que nos dicen que no somos suficiente.

Pero a medida que sanas, creces y cambias, también lo hacen tus límites. Empiezas a saber que los límites son para ti. Te empiezas a dar cuenta de que los límites son una manera de cuidarte y de vivir en una nueva historia. Los límites no son permanentes; son flexibles. Al permitir que sean flexibles, nos permitimos a nosotros preguntarnos repetidamente: «¿Qué tengo y qué necesito? ¿Qué me hace sentir bien y qué no? ¿Qué tengo la capacidad de hacer y qué no?». Puede que sea decir que no. Puede que sea limitar el tiempo con alguien o algo. Puede que sea negarte a debatir ciertos temas con ciertas personas. Puede que sea limitar la cantidad de información que consumes. Puede que sea reconocer lo que puedes o no puedes sostener. Los límites pueden tener mil caras distintas y se pueden practicar de mil formas distintas.

Mi paciente Jasmine tardó un tiempo en implementar el criterio y los límites en su vida. Poco a poco fue modificando su historia desde «tengo que ser servicial para tener valía» hasta «valgo tal y como soy». Esta transición le permitió elegir de forma diferente, mostrarse de forma diferente y tratarse de forma diferente en el proceso. Jasmine empezó a notar qué tenía capacidad de hacer y qué no. Practicó decir que no cuando necesitaba decir que no. No volvió a organizar las fiestas del trabajo, y se ofreció a sí misma compasión cuando volvió a caer en los antiguos patrones de comportamiento. Para Jasmine, fijar límites significó obtener la libertad que necesitaba para priorizar su propio bienestar. Al fin se convirtió en la líder de su propia vida, la campeona de sus propias necesidades y la fuente de afirmación que previamente había buscado en los demás. Volvió a tomar posesión de sí misma.

El criterio y los límites te apoyarán cuando tengas que integrar historias, porque te ayudarán a recordar lo que es importante para ti, a comprobar qué te está funcionando y qué no, y a crear espacio para más cambios cuando los necesites. Cuando implementamos estos aspectos de autocuidado en nuestras vidas, podemos actuar desde nuestra verdad. Vivir desde esa posición es una manera de valorar nuestra humanidad completa y habitar en nuestras nuevas historias de mérito, bondad y capacidad.

Tanto el criterio como los límites

crean el espacio para entender lo que

quieres, necesitas y deseas, y para

tomar decisiones que honren esas

aspiraciones, necesidades y deseos.

¿Qué aspecto tienen el criterio y los límites en la vida diaria?

- Entender lo que es bueno para ti, incluso si no es lo que te hace sentir bien.
- Reconocer lo que te parece bien y lo que no, y decidir actuar desde esa posición.
- Estar dispuesto a comunicar tus necesidades a los demás (y a ti mismo).
- Practicar quién puede satisfacer tus necesidades de forma segura y quién no.
- Respetar aquello que necesitas, quieres y deseas.
- Notar qué partes de ti compartes con algunas personas y no con otras.
- Estar dispuesto a priorizar tus necesidades, incluso si hacerlo decepciona a otra persona.
- Permitirte decir que sí cuando quieres decir que sí, y no cuando quieres decir que no.
- Actuar desde tu dignidad, en vez de actuar desde historias antiguas.
- Escucharte y tomar decisiones partiendo de lo que aprendes al escuchar.
- Elegir lo que necesitas, en lugar de lo que quieren los demás.

Algunas preguntas más que nos podemos plantear acerca del criterio y los límites:

- ¿Qué límites tienes que establecer para vivir de forma completa?
- ¿Qué límites te ayudarían a mostrarte por completo?
- ¿Qué limites serían necesarios para conseguir aquello que quieres, necesitas y deseas?
- ¿Qué límites te permitirían conectar contigo y con los demás de una forma que te hiciera sentir bien?

- ¿Qué límites se necesitan para que vivas en tus nuevas historias?
- ¿Qué límites te ayudarían a recordar la verdad de quién eres?

El consumo nos lleva a la acción

Los límites no sirven solamente para mantener todo fuera; también conciernen a lo que mantenemos dentro. Algo que me parece importante explorar es lo que consumimos y si nos ayuda o no. Es decir, si nuestro consumo nos está ayudando o perjudicando. En la actualidad, muchos de nosotros estamos constantemente consumiendo información acerca del crecimiento personal. La «autoayuda», la terapia, el *coaching*, Instagram, los pódcast y los libros se pueden convertir muy rápidamente en otra manera de evitar ponerse manos a la obra. Puedes seguir consumiendo información y no actuar nunca, pero te mantendrás estancado en la creencia de que no puedes cambiar. Consumir constantemente también puede reforzar la idea de que los demás saben más que tú o que los demás lo tienen todo mejor resuelto que tú. Es decir, puede reforzar las antiguas historias de ser incompetente o insuficiente.

Cuando tenemos un exceso de información pero no actuamos para integrarla, acaba siendo muy fácil juzgarnos a nosotros mismos. También puede impedir que nos sintamos capaces, haciendo que la línea de meta cada vez esté más lejos. En este sentido, el consumo puede ser perjudicial para vivir en nuevas historias. He pensado mucho en cómo escribir este libro, ya que de alguna manera podría estar contribuyendo a la cultura de sentir que necesitas otra perspectiva o las prácticas perfectas para sentirte mejor al fin. Mi esperanza es que forme parte del tipo de consumo que fomenta la compasión, la integración, la comprensión y la acción.

Si estás leyendo este libro, me imagino que serás alguien que se compromete con este tipo de trabajo. Seguramente, ya habrás hecho un poco. Puede que sepas qué partes de ti aún necesitan sanar y ser tratadas con cariño. Seguramente eres mínimamente consciente de las herramientas que te han funcionado y de las que no. Y... también me imagino que te ha sido difícil empezar. Por lo menos yo me he sentido así.

Vivir en nuevas historias implica hacer el esfuerzo consciente de practicar las herramientas sobre las que lees a diario. Este esfuerzo está en el corazón de la transición entre sentir que no merecemos cambiar y saber que cambiar es posible. Incluso antes de creerlo por completo, tenemos que practicarlo. Cuando lo hacemos, sentimos que las nuevas historias son paulatinamente más reales y verdaderas. Empezamos a darnos cuenta de que nos merecemos sanar y de que somos capaces de hacerlo.

La integración de historias nuevas es el punto en el que muchas personas se quedan atoradas, incluida yo. Algunos días nos parece algo fácil y bueno; otros días parece algo imposible y agotador. Podemos leer acerca de la consciencia plena y confundirla con lo que es realmente practicar mindfulness. Podemos explorar contenido sobre la autocompasión, pero olvidarnos de practicarla con nosotros. Podemos suponer que necesitamos la próxima moda de sanar antes de utilizar al completo todas las modalidades que ya conocemos. A veces puede que ni queramos actuar desde nuestra totalidad, y que nos parezca más fácil soltarlo todo y volver a como éramos antes. Saber por adelantado que estos momentos llegarán nos permite responder a esos sentimientos con compasión, en vez de utilizarlos como razones para dejar de cuidarnos como sabemos que podemos. Esto lo veo también con mis pacientes: se resisten a continuar con la integración de las historias cuando la situación se complica o cuando se sienten incómodos. Como dije antes, la resistencia forma parte del cambio. Es muy comprensible, y cuando aun así seguimos defendiéndonos, empezamos a reconocer nuestra propia resiliencia y competencia.

¿Cómo es tu relación con el consumo? ¿Cómo sabes cuando estás consumiendo demasiado? ¿Cómo te ayuda aquello que consumes a integrar nuevas historias? Comprobar regularmente tu perspectiva sobre este tema te permite fijarte en tus patrones y cambiar los que no están funcionando.

LA VULNERABILIDAD NOS LLEVA A LA CONEXIÓN

Compartir mi historia ha sido uno de los factores que más ha contribuido a mi proceso de sanar. Me he pasado gran parte de la vida guardándome muchos sentimientos, emociones y pensamientos para mí; ser capaz de expresar mi verdad a los demás me ha permitido lidiar con mi propia historia y, a la vez, crear las historias con las que quiero cargar. Mostrarte a los demás de esta manera es un potente remedio natural, pero se necesita una enorme vulnerabilidad para que te vean por completo.

Compartir mi historia no empezó con una entrada en Instagram, ni con un libro, ni contándosela a todo el mundo; empezó con mi terapeuta. Empezó de forma modesta. Fui sincera acerca de la complejidad y de los matices y detalles de mi historia con un testigo curioso. Empecé poco a poco, gradualmente, discerniendo con consideración lo que estaba preparada para compartir y aquello que aún no estaba preparada para soltar. Luego, paulatinamente, empecé a compartirla con algunos amigos cercanos. Comencé con pequeños grupos de gente. Luego compartí parte de mi historia con mi clase de periodismo en un curso que hice después del instituto, lo cual derivó en que compartiera partes de mi historia en la portada de un periódico. Luego compartí más partes de mi historia en clase, en la UC Santa Cruz. A medida que iba compartiendo mi historia con más gente, mi capacidad de que me percibieran y de percibirme a mí misma también iba creciendo. Esto ha pasado en un plazo de veinte años, y sigue desarrollándose a medida que yo voy creciendo.

Consumo:	Acción:
Aprender acerca del mindfulness.	Practicar mindfulness.
Leer acerca de la autocompasión.	Practicar la autocompasión.
Entender los límites.	Establecer límites.
Comprar otro libro de autoayuda o de desarrollo personal.	Practicar lo que ya sabes dentro de ti.
Ganar más conocimiento.	Ejecutar acciones alineadas.

Esto es lo que significa ser vulnerable. Brené Brown, cuyo trabajo en este campo ha cambiado mi vida y la de muchas otras personas, define la vulnerabilidad como incertidumbre, riesgo y exposición emocional. Dicho de otra forma, la vulnerabilidad implica que nos mostremos y nos vean, incluso cuando no podemos controlar el resultado. Por eso es tan importante encontrar personas y lugares que nos respeten, para que podamos abrirnos de forma segura.

No podemos mostrarnos en el contexto de nuestras vidas si no practicamos la vulnerabilidad, poco a poco y paso a paso. Esto permite que nuestro yo completo observe y sea observado, escuche y sea escuchado. La vulnerabilidad es una línea de vida que conecta un corazón humano con otro; un hilo invisible que nos enlaza a todos de alguna manera. La situación se complica si sentimos la presión de ser vulnerables antes de estar preparados, con personas que no nos hacen sentir a salvo o en espacios donde no se valora la totalidad de lo que somos. Especialmente en el mundo de las redes sociales hay una presión no escrita para ser *#auténtico* y, para muchas personas, esto significa compartir su historia. Es inspirador e increíble presenciar cómo tantas personas eligen hablar sinceramente de sus experiencias. Pero ten presente que no tienes la obligación de compartir tu historia de esa manera; la vulnerabilidad no tiene el mismo aspecto para todos nosotros. Para algunos, significa compartir lo que les ha pasado para encontrar la sanación; para otros, puede significar abrirse con algunos amigos o con un terapeuta y sentir que con eso ya basta. Y para otros, puede que sea simplemente compartir su yo real y completo. La verdadera vulnerabilidad implica que nos conectemos con nuestro interior y nos preguntemos por qué estamos compartiendo, si es seguro o no compartir y lo que esperamos obtener al comunicar nuestra historia. Partiendo de esta base, podemos determinar cómo compartir nuestras historias (o cómo podemos compartir nuestro yo) de manera que favorezca nuestra sanación.

Una vía que recomiendo a mis pacientes es recordarles que son ellos quienes escogen lo que quieren compartir. Ellos eligen lo que les hace sentir a salvo y lo que no, lo que les hace sentir bien y lo que no. Y esta verdad es común para todos: podemos elegir. Recordarte que tienes elección a menudo te hará sentir más seguro a la hora de practicar la vulnerabilidad de una forma genuina, en vez de sentirte forzado u obligado a hacerlo.

Cuando te imagines compartiendo tu historia, o las nuevas historias que estás creando y cultivando, te animo a explorar con qué personas te sientes a salvo haciéndolo. Puede que sea tu terapeuta. Quizá se trate de un familiar, en un pequeño encuentro. O uno de tus amigos, que tiene un espacio guardado para ti. Pueden ser muchas personas. Cada uno tiene su propia capacidad para la vulnerabilidad y su propio abanico de lo que le hace sentir a salvo. Así que es extremadamente importante explorar cómo es para ti.

Preguntas que puedo plantearme antes de compartir algo en privado:

- ¿Confío en que esta persona tenga un espacio para mí?
- ¿Me siento a salvo con esta persona?
- ¿Me siento cómodo con el hecho de que esta persona sepa esto sobre mí?
- ¿He tenido experiencias positivas y de apoyo al compartir algo con esta persona en un pasado?
- ¿Esta persona me sigue queriendo incluso en lo más hondo, con mi dolor y mis errores?
- ¿Puedo ser mi yo completo cuando estoy con esta persona?
- ¿Me sentiré mejor si comparto mi historia con esta persona?

Preguntas que puedo plantearme antes de compartir algo en público:

- ¿Esto es una cicatriz o una herida? (Glennon Doyle escribió acerca de la distinción entre una cicatriz y una herida como una manera de discernir lo que es seguro y lo que es potencialmente peligroso compartir. Una cicatriz implica que ya has hecho una sanación suficiente al comunicar tu historia confiadamente, y una herida implica que aún estás sanando y que tal vez no estés preparado para compartirla).
- ¿Estoy compartiendo para demostrar algo o para conectar?
- ¿Estaré bien compartiéndolo, a pesar de cuál sea el resultado?
- ¿Me parece bien recibir críticas o que me juzguen por compartirlo?
- ¿Esto que comparto contiene un mensaje más extenso o un tema universal?
- ¿Me siento bien compartiéndolo? ¿Me ofrece sanación a cambio?
- ¿Me parece bien que todo el mundo sepa esto sobre mí?

DIFERENTES MÉTODOS DE COMPARTIR TU HISTORIA

Contar nuestras historias en voz alta es algo extremadamente poderoso, pero hay otras maneras de explorarlas, y de expresarlas y expresarnos nosotros mismos. Escribir es una práctica que, a mí, me aporta un gran entendimiento. Hay métodos que podemos implementar dependiendo de lo que nos funcione, de lo que disfrutemos y de lo que nos aporte significado.

Tenga el aspecto que tenga el acto de compartir para ti, te animo a que lo pruebes. Explora maneras para que te perciban. Predisponte a que te vean tal y como eres, no solo las partes bonitas, centradas y admirables, sino también las complicadas y aquellas que quizás hayas escondido. Predisponte a que vean tu yo completo. Te animo a que descubras espacios, lugares y personas donde y con quienes sientas que te sostienen con la amabilidad y el cariño que te mereces. Tal y como dije antes, no podemos hacer solos esta labor de ser humanos. No podemos atravesar la vida escondiéndonos y esperando que nos vean. Nos necesitamos los unos a los otros.

Otras maneras de explorar tu historia:

- Practicar o disfrutar todo tipo de arte.

- Escuchar música, cantar.

- Colaborar, conectar y compartir.

- Recurrir a la terapia, el *coaching* o la mentoría.

- Conectar con la naturaleza.

- Potenciar cualquier tipo de creatividad.

- Escribir poesía, cartas y prosa.

- Practicar el movimiento, la danza o el yoga.

- ¿Qué añadirías?

JUNTARLO TODO

Uno de mis héroes, el psicólogo humanista Carl Rogers, pronunció una de mis citas preferidas. Ya la he mencionado antes, pero se merece que la repita: «La curiosa paradoja es que cuando me acepto tal y como soy, entonces puedo cambiar». ¿Has experimentado alguna vez que todo se empieza a simplificar justo cuando lo aceptas?

«¿Cómo acepto mi yo completo si no me gusta la totalidad de mi ser?». Esta pregunta la he formulado una y otra vez en mis propias sesiones de terapia, y me la han planteado una y otra vez a mí en consulta. Parece paradójico aceptar lo que no nos gusta. Y por muy paradójico que suene, creo que este es el objetivo principal de todo el trabajo interior que hacemos: encontrar una aceptación total. Saber que no tienes por qué querer a tu yo completo, constantemente, para saber que eres suficiente. Para saber que nunca tienes que tenerlo todo bajo control para ser suficiente.

El tema es que la aceptación no significa necesariamente que nos gusten todas las partes de nuestro ser. Significa abrir los brazos a lo que hay en vez de querer empujarlo, negarlo o hacer ver que no es lo que es. Significa aceptar la imperfección, la confusión, el caso, la alegría, el dolor, la presencia, la distracción, la belleza, el miedo…, aceptarlo todo por lo que es, en cualquier momento. La autoaceptación es un proceso que dura toda la vida, un proceso que, desde mi punto de vista, se desarrolla de forma natural a medida que hacemos la labor de entender, reformular e integrar nuestras historias.

Para mí, la autoaceptación es la culminación del trabajo de ganar sinceridad, valentía y libertad. Ser conscientes de nuestras historias nos lleva a la comprensión necesaria para modificarlas, lo cual nos lleva a la habilidad de vivir en la integridad. Vivir en la integridad nos lleva (con suerte) a encontrar la aceptación de lo que somos por completo, incluyendo lo que fuimos en el pasado. Nos permite aceptar quiénes hemos sido, quiénes somos y en quiénes nos estamos convirtiendo.

Olvidamos muy fácilmente que aceptarnos no consiste en alcanzar un destino final, sino en hacer el minucioso trabajo de bajar el ritmo, centrarte en tu interior y volver a presentarte cuidadosamente ante aquellas partes de ti que te habían dicho que tenías que arreglar. Las historias que aprendiste a creer te hicieron pensar que tenías que esconderte, que tenías que avergonzarte, eliminar o minimizar ciertas partes de quién eres. Puede que hayan provocado que finjas, que te pongas máscaras, que te moldees para encajar en expectativas ajenas o que dejes de ver lo magnífico que te hacen todas tus cualidades y peculiaridades. Cuando volvemos a presentarnos esas partes de nosotros como simplemente eso, partes de nosotros, podemos crear nuevas relaciones con ellas, aceptar todo lo que somos en vez de esconder algunas partes. Podemos acoger toda nuestra humanidad en lugar de intentar «arreglarla» constantemente. El objetivo de sanar es aceptar quiénes somos y vivir en nuestra integridad. Volver a nuestro hogar. Volver a ser las personas que somos. Es justo lo que has estado haciendo a lo largo de la lectura de este libro.

No necesitamos librarnos de lo que es difícil. No tenemos que eliminar el dolor, escondernos del sufrimiento ni apartar las historias con las que cargamos del pasado, sino que tenemos que darnos la oportunidad de mostrarnos con nuestro yo completo. Recordar que siempre hemos sido personas completas. Recordar que ya somos suficiente.

Todas las prácticas, mentalidades y recordatorios que hay en este libro tienen la finalidad de apoyarte para que recuerdes tu plenitud.

Espero que estés empezando a darte cuenta de lo que es posible en tu interior, que te estés acercando a una brecha, que te des cuenta de que no tienes límites.

Desvelar nuestras historias difíciles es un proceso que implica una enorme confrontación. Invita amablemente a la culpa, la vergüenza y la autocrítica a salir a la superficie. Provoca que nos cuestionemos por qué hicimos ciertas cosas, cómo se forjaron ciertos patrones y cómo nos hemos convertido en quienes somos. En nuestra cultura nos enseñan a menudo que deberíamos sentir vergüenza por cómo nos expusimos en el pasado. Pero yo creo que no debería ser así.

Para poder atravesar la vergüenza una y otra vez, he tenido que aprender a aceptar por completo quien soy, todas las historias que he sostenido tan de cerca, todo lo que he dicho y que desearía no haber dicho, todas las veces que recaí en viejas costumbres que ya no me servían de nada…, todo. Vivir en plenitud implica que demos espacio a todas las partes de nuestro ser. La autoaceptación implica que reconozcamos todas nuestras partes, incluso las que aún estamos sanando.

Este, creo, es el gran objetivo: encontrar y desarrollar la capacidad de sostener la variabilidad, la complejidad y la enormidad de quienes somos. Este es el objetivo de examinar nuestras historias, es el objetivo de emprender la labor de reformular y desaprender, y es el objetivo de integrar nuevas historias: crear espacio para todo lo que hemos sido, todo lo que somos y todo aquello en lo que nos estamos convirtiendo y lo que estamos dejando de ser.

Encontrar sentido y propósito

Cuando hice la solicitud del máster para ser terapeuta, tenía miedo de que mis antiguas historias me reprimieran. Tenía miedo de que me hicieran parecer débil o incompetente en clase y que me hicieran parecer menos profesional en la consulta. Hice la solicitud de todas formas, pero aquellos miedos hicieron la solicitud conmigo.

Unas semanas después, recibí un correo electrónico en el que me invitaban a una entrevista presencial. Estaba exultante y aterrorizada en partes iguales. Escribir sobre mí y sobre mis sueños era distinto a ir a hablar con alguien cara a cara. Esto era harina de otro costal. Mi ansiedad iba en aumento a medida que se acercaba el día.

El día de la entrevista, me estacioné en el campus de la Universidad Dominicana de California y me quedé sentada en el coche unos instantes. En esos momentos tenía la ansiedad por las nubes. El corazón me latía a mil por hora. Me recordé a mí misma: «Esto no te define de ninguna forma. Simplemente sé tú». Entré en el edificio, les dije que había llegado y esperé a que viniera a buscarme la persona que me tenía que entrevistar.

Vino un hombre y se presentó. Incluso con su apariencia amigable, me intimidó en el momento. Había planificado lo que diría para responder a determinadas preguntas. Había pensado que compartiría mi experiencia profesional y el conocimiento que había adquirido hasta el momento en mis estudios. Me había preparado para no abordar las partes personales de mi redacción de solicitud. Cuando subí las escaleras para entrar en la sala de conferencias y empecé a hablar, toda mi planificación se fue por la borda.

Me preguntó por qué quería ser terapeuta. En vez de hablar de los cursos que había hecho y del asilo en el que había trabajado, conté lo que había aprendido de mis propias experiencias. Hablé de cómo el hecho de ser adoptada me permitía entender, en un nivel más profundo, lo que implicaba cargar con una historia de nunca ser suficiente. Hablé de mi historia con la depresión y de cómo me proporcionó un mayor grado de empatía hacia aquellas personas que estaban atravesando sus propias historias. De la importancia de que te vean y te escuchen, y de lo importante que fue para mi proceso de sanar. Y a la vez, de lo significativo que es ver y escuchar a los demás. Simplemente, fui yo misma.

Cómo se presenta la autoaceptación en nuestras vidas:

- Aceptar el dolor, en vez de huir de él.

- Respetar lo que hay, en lugar de ignorarlo.

- Permitir que tu caos sea aceptable.

- Validar tus complejidades y tu vastedad.

- No mortificarte cuando metes la pata.

- Entender lo que hay antes de intentar cambiarlo.

- Apoyarte como eres.

- Aceptar tu pasado sin castigarte.

- Meterte por completo en el momento presente.

- Perdonarte, una y otra vez.

Al final de la entrevista, me dijo: «Felicidades». Me aceptaron al instante.

El significado que le había dado a mi dolor me ofreció la fortaleza necesaria para expresarme más plenamente en el mundo. El significado que le había encontrado a mi sanación me dio la fuerza para descubrir las maneras en que podía ayudar a los demás para que también encontraran su sanación. Esto es lo que me inspiró a ser terapeuta. Ni las calificaciones que había obtenido en la carrera, ni las clases que había hecho, sino la vida que había vivido y las personas con las que había conectado por el camino. Y resulta que no era algo de lo que debía avergonzarme, sino que podía compartirlo con la cabeza bien alta.

Me di cuenta de cuál era mi propósito cuando fui mi yo más completo. Cuando acepté mi yo completo. Me di cuenta de que mi propósito era, simplemente, *ser mi yo completo.*

Encontrarle el sentido y el propósito a nuestro camino, a nuestras historias, a nuestras experiencias y a nuestra vida nos aporta la motivación que necesitamos para seguir integrando, para seguir sanando. No todo pasa por algún motivo. No todo tiene sentido. Pero cuando podemos modelar nuestras vidas transformando el dolor en algo más que solo dolor…, cuando podemos utilizar nuestro sufrimiento para algo más que fortalecer nuestras historias antiguas… Podemos crear algo maravilloso partiendo de lo que empezó en la más absoluta oscuridad. Podemos metamorfosear lo que antes era simplemente difícil en algo más. Podemos crear un nuevo significado para las historias con las que cargábamos mientras vivimos en nuestra plenitud.

Preguntas que deberíamos plantearnos acerca del significado y el propósito:

- Cuando piensas en darle sentido a quien has sido y a quien estás pasando a ser, ¿qué palabras te vienen a la cabeza? ¿Qué sentimientos surgen?

- ¿Cómo podrías infundir significado y propósito a la vida que estás creando? ¿Dónde puedes aprovechar tu propósito como una manera de exponerte más plenamente?
- ¿Cómo te han guiado las historias con las que has cargado para llegar a ser quien realmente eres?
- Las experiencias que has vivido, ¿cómo han ayudado al conocimiento y a la sabiduría que posees ahora?
- ¿Qué podrías hacer con la sabiduría y el sentido que has adquirido para vivir con un propósito?

SÉ MÁS TÚ

Aquí estás. Fíjate en cómo te sientes tras haber llegado tan lejos con este libro. Fíjate en lo que te ha calado, qué se ha quedado dando vueltas, qué sabes más a fondo y qué quieres explorar con más profundidad. Fíjate en qué aspectos te sientes un poco más ligero y en qué aspectos puede que hayas creado espacio para que surja algo nuevo. Observa cómo te has sentido al pasar un poco de tiempo conociéndote de una forma más íntima.

Junto con la comprensión, la reformulación de las mentalidades, las prácticas integradoras y las nuevas maneras de mostrarte ante el mundo, quiero recordarte que la mayor invitación que contiene este libro es que seas más tú. Sanar nos permite ser más nosotros, convertirnos en nuestro yo completo, y a mí no se me ocurre nada más liberador que hacerlo.

Cuando pienses en ser más tú, te invito a plantearte lo siguiente:
- ¿Qué necesidades han cambiado? ¿Qué deseos te están pidiendo que les prestes atención?
- ¿Cómo esperas sentirte cada día? ¿Qué te ayudará a lograrlo?

- ¿Cuál es la visión que tienes de tu futuro que no parecía posible basándote en tus antiguas historias y creencias?
- ¿Cómo pueden ayudarte las historias en las que estás viviendo a crear ese futuro?
- ¿Cómo te sientes al imaginarte mostrándote y siendo más tú?

El mundo no necesita que sigamos subestimándonos. No necesita que silenciemos nuestro esplendor o que minimicemos nuestros talentos. No necesita que continuemos con aquello que no funciona. No necesita que sintamos que estamos averiados. No necesita que sintamos que no somos suficiente.

El mundo necesita que confiemos en nuestra bondad. Que seamos conscientes de que somos suficiente. Que vivamos sabiendo lo que valemos. Que valoremos todo lo que somos y que reconozcamos los talentos y las contribuciones únicas que tenemos que ofrecer. Que dejemos margen para el ocio, la alegría y la simplicidad. Que conectemos de forma auténtica y vulnerable. Que permitamos que nuestra humanidad plena sea aceptable y que la de los demás también lo sea. Esto es lo que necesita el mundo.

Ser más tú no solo enriquece tu propia vida, sino que también enriquece el mundo. Nos enriquece a todos.

El cambio empieza contigo, en más de un sentido

La mayor parte de este libro ha girado alrededor del trabajo interior, de tus experiencias personales y de cómo mantenernos en la exploración y la transformación de nuestras propias historias. Un resultado poderoso de llevar a cabo esta labor es que hacemos que crezca nuestra capacidad de vivir en nuevas historias, no solo en nuestro interior, sino también en nuestras relaciones, nuestras comunidades y en el mundo. Cuando tenemos un sentido más profundo de lo que

Ser más tú no solo enriquece tu propia vida; también enriquece al mundo.

Nos enriquece a todos.

valemos, de nuestra bondad y de nuestra capacidad, tenemos una mayor capacidad de ver y presenciar estos elementos en los demás. Cuando actuamos desde una posición de plenitud, creemos en el cambio y tenemos más capacidad de invocar cambios, ser arriesgados con lo que nos importa y encontrar la fortaleza necesaria para actuar tanto en nuestro interior como en nuestro exterior. Es mucho más fácil manifestar tu verdad cuando lo haces desde una posición de autoconocimiento. Es mucho más fácil discernir qué acciones quieres emprender en el mundo cuando estás dispuesto a meter la pata. Es mucho más fácil ver la bondad en los demás cuando eres capaz de verla en ti. Las historias falsas ya no se entrometen por el camino. Ya no estás programado. La tentación de esconderte o de validarte ya no obstruye tu habilidad de conectar con los demás. La necesidad de gustar a los demás ya no te impide expresarte. Creer que encajamos nos permite querer que los demás también encajen. Vivir desde nuestra capacidad lo cambia todo.

Hasta que me acepté, no fui capaz de mostrarme plenamente al mundo. Modificar mi mundo interior me ha dado la oportunidad de responder al mundo que me rodea con más compasión, benevolencia, presencia y predisposición a equivocarme. Esto, a su vez, me ha permitido presenciar más plenamente la injusticia, abogar por causas que me importan, actuar desde una posición de integridad en vez de una posición de vergüenza, culpa o miedo. Ahora soy capaz de compartir mis pensamientos y aportaciones más abiertamente, sabiendo que a veces voy a meter la pata. Soy capaz de mantener conversaciones sobre racismo y otros problemas sociales sabiendo que me pueden llamar la atención por algo o que puedo recibir comentarios desfavorables. Soy capaz de mostrarme completa porque sé que tengo mi propio apoyo. Mi trabajo interior me ha permitido ser una mejor pareja, amiga, guía, miembro de la comunidad y ciudadana.

Imagínate cómo sería el mundo si cada persona pasara por el proceso de entender, reformular e integrar sus historias en sus vidas; si fuera un referente de ello con sus hijos; si sus hijos fueran referentes para sus hijos.

Algunos de los cambios que son posibles cuando empezamos a actuar desde una posición de comprensión son estos:

- Podemos ver más claramente la injusticia y el daño sistémicos.
- Podemos reconocer mejor las diferencias de poder, las narrativas culturales y la desigualdad.
- Tenemos más espacio para desengancharnos de la programación colectiva nociva.
- Vivimos desde nuestros valores, nuestra moralidad y nuestras creencias con más convicción.
- Emprendemos acciones con menos reparos para defender aquello que nos importa.
- Nos responsabilizamos por el daño que causamos y nos hacemos dueños de nuestro comportamiento en vez de entrar en una espiral de vergüenza.
- Ayudamos desde una posición de plenitud, en vez de hacerlo desde la posición de tener que demostrar algo.
- Hacemos un trabajo más profundo, más honesto y con un mayor impacto.
- Nos reconocemos los unos en los otros, lo cual crea más empatía y compasión.
- Nos identificamos con los demás desde un sentido de conexión y de humanidad común.
- Desarrollamos relaciones más sanas y sólidas.
- Somos más capaces de cuidarnos a nosotros y a los demás.
- Somos más capaces de responder, en lugar de reaccionar.
- Estamos más dispuestos a equivocarnos y volver a intentarlo una y otra vez.
- Expandimos nuestra capacidad de crecer, cambiar y evolucionar.

A medida que vayas integrando nuevas historias, creencias y maneras de estar contigo en los diferentes ámbitos de tu vida, te animo a fijarte en todo lo que se transforma: cómo cambian tus relaciones, cómo cambia tu manera de enfocar el trabajo, cómo cambia tu habilidad de defender las causas en las que crees y cómo evoluciona tu enfoque hacia la comunidad. Actuar desde tu nueva historia te ayuda a vivir en tu propósito, lo cual afecta de forma natural a tu relación con todas las partes de ti, con los demás y con el mundo.

Teniéndolo en cuenta, te invito a explorar el mundo en el que quieres vivir. Ahora que ya conoces tu habilidad de modificar tus historias interiores, ¿qué cambios te gustaría ver en tu exterior? ¿Qué visualizas para que el mundo sea más justo, esté más conectado y resulte más bonito? ¿De qué cambios esperas formar parte? ¿Qué causas deseas hacer avanzar? ¿Qué cambios serían un reflejo de tu propio valor, de tu bondad y capacidad?

El mundo necesita a más personas que se expresen desde su yo completo. El mundo necesita a más personas que estén en contacto con todas las partes de su ser. El mundo necesita a más personas dispuestas a aceptar su máxima humanidad y a ver la humanidad en aquellos que difieren de ellos. El mundo necesita a más personas que no tengan miedo a fracasar, que no tengan miedo a meter la pata y cometer errores. El mundo necesita a más personas que entiendan el cambio y elijan qué historias se cuentan a sí mismas.

Cuanto más entiendo, cambio, elijo y encarno mi propia historia de capacidad, más profundo es mi trabajo en el mundo. Cuanto más amplío mi autoaceptación, más se amplía mi aceptación de los demás. Cuanto más espacio me doy para cometer errores y seguir siendo buena, más espacio genero para que los demás hagan lo mismo. Cuanto más en contacto estoy con mi verdad, más dispuesta estoy a ver la verdad de lo que pasa a mi alrededor. Constantemente recuerdo que reflejamos en los demás lo que vemos en nosotros; hacer la labor de apropiación de nuestras historias es extremadamente poderoso, no solo para nuestra propia experiencia sino también para el entorno en el que vivimos. Nos convertimos en espejos aún más claros para los demás, lo que nos importa resulta más evidente, el siguiente paso parece menos intimidante y nuestra habilidad de vivir una vida con propósito, intención, devoción y significado se expande exponencialmente.

SEGUIR LLEVANDO TUS HISTORIAS ADELANTE, PARA TI Y PARA EL MUNDO

En el proceso de escribir este libro, como es natural, he estado reflexionando mucho acerca del significado de sanar, de entender y de integrar nuestras historias, y de generar espacio para otras nuevas.

Hay algo que ha destacado mientras exploraba estos temas, y es la gran esperanza que tengo puesta en lo que es posible. La gran esperanza que tengo puesta en nuestra capacidad de cambiar, de crecer y de transformarnos, de sanar. La gran esperanza que tengo puesta en nuestra habilidad de elegir historias que nos ayuden, en vez de historias que nos perjudiquen. La gran esperanza que tengo puesta en nuestro esfuerzo innato por alcanzar la plenitud. La gran esperanza que tengo puesta en que todos los humanos, en todos los contextos, se den cuenta al final de que no tienen que hacer nada de esto ellos solos. Tengo una gran esperanza puesta en mí, en ti y en todos nosotros, incluso cuando de vez en cuando lo olvide (o lo olvidemos).

Espero que hayas podido ver que la sanación, la modificación de nuestras historias y vivir plenamente tal y como somos no es algo que se consiga siguiendo un proceso de tres pasos, ni haciendo «lo correcto» todo el rato, o forzándolo, o esperando que sea el mismo proceso para ti que para los demás. Espero que hayas podido ver que es un proceso (una práctica) a la que vas a volver una y otra vez a lo largo de tu vida. En este libro he compartido gran parte de mí, porque hablar de mi propia experiencia es la mejor herramienta que tengo como escritora y profesora, pero espero que también te hayas visto a ti en lo que he compartido. Espero que hayas sido capaz de imaginarte una nueva posibilidad de estar contigo, una nueva manera de cargar con tus experiencias, una nueva manera de valorar la totalidad de quien eres. Yo he pensado en ti a cada paso de este camino, me he imaginado hablando contigo de esto y he visualizado cómo podían afectarte estas palabras o cómo podían conectar contigo. Has estado conmigo todo el camino.

Ahora que vas a acabar este libro y avanzarás tanto con las historias que has trabajado para desvelar, como con las historias que estás en proceso de reescribir, hay algunas verdades que quiero dejarte. Estas son verdades que comparto a menudo, verdades que yo misma me recuerdo cuando las necesito. Estas son verdades que me ayudan a mantener la esperanza, incluso cuando las cosas se ponen difíciles (porque se pondrán feas).

1. No podemos controlar lo que nos ha pasado o cómo hemos respondido en el pasado. Lo que podemos hacer es adquirir un conocimiento más profundo de lo que nos ha pasado y cómo nos ha afectado, reconocer nuestro poder a la hora de darle espacio, permitirnos recibir la ayuda y el apoyo que nos merecemos, y valorar nuestra capacidad de avanzar de manera más compasiva. Sigamos explorando.

2. Ahora mismo, llevamos dentro de nosotros valor, bondad y capacidad. Han estado allí desde que llegamos al mundo. Las historias que hemos creado y las historias que nos han contado de nosotros puede que nos hayan ocultado nuestra plenitud innata, pero sigue estando allí, esperando a que la recordemos. Sigamos recordando quiénes somos.

3. Cuando sanamos, variamos, crecemos, cambiamos y nos transformamos, no estamos siendo mejores; simplemente estamos volviendo a lo que siempre hemos sido. Cuando descubras nuevas fuerzas, creencias y descubrimientos sobre ti, te invito a recordar que no son características nuevas. Siempre han estado allí, y es un regalo hacer el trabajo de desvelarlas. Sigamos volviendo a nosotros.

4. Necesitar a otras personas no es una señal de debilidad, sino una señal de nuestra humanidad. Todos nosotros nacemos necesitando a los demás, y siempre los necesitaremos. Es normal necesitar ayuda, apoyo, conexión y necesitar que te vean. Naciste con ello y te lo mereces. Sigamos conectando.

5. Las personas heridas hieren a las demás. Aquellas personas que nos hacen daño llevan su propio dolor encima. Podemos empatizar con los demás a la vez que estamos dispuestos a hacer lo necesario para cuidarnos y satisfacer nuestras necesidades. Podemos entender cómo las historias de los demás los impactan, a la vez que respetamos nuestras propias necesidades. Sigamos estableciendo límites a la vez que mostramos compasión.

6. Las prácticas de mindfulness, curiosidad y autocompasión, y las acciones alineadas son maneras de ser que nos permiten vernos a nosotros y a los demás con claridad. Fomentar estas actitudes es una de las prácticas que genera más impacto para valorarnos a nosotros y a los demás, vivir con presencia y crear suficiente espacio para que desvelemos y descubramos lo que es posible. Sigamos practicando.

7. Nuestras historias nos pueden mantener estancados o nos pueden permitir abrir las alas. Cuando reescribimos nuestras historias y practicamos vivir en ellas, empezamos a ser capaces de crear lo que nos funciona y separarnos de lo que no. Nos echamos a volar. Sigamos eligiendo.

8. Dar espacio a nuestras propias historias nos permite dar espacio a las historias ajenas. Experimentar la modificación de nuestras propias historias nos permite ver que los demás también son capaces de modificar sus historias. Nuestras historias se propagan en nuestra comunidad por muchas vías. Sigamos presenciándolo.

9. Nunca es demasiado tarde para empezar la labor de entender, reformular e integrar tu historia. Nunca es demasiado tarde para volver a empezar. Nunca es demasiado tarde para crear una historia nueva. Nunca es demasiado tarde para sanar. Nunca es demasiado tarde. Sigamos aprendiendo y desaprendiendo.

10. Mostrar todas las partes de ti que antes no sabías cómo mostrar es uno de los actos más bonitos y poderosos para sanar que se me ocurren, y lo estás haciendo al leer este libro. Sigamos mostrándonos con toda nuestra humanidad.

A medida que entras en el mundo y profundizas en ti, te animo a seguir reflexionando. Sigue haciéndote preguntas. Sigue explorando. Sigue indagando. Sigue propendiendo. Sigue desarraigando. Sigue aprendiendo y desaprendiendo. Sigue permitiéndote recibir apoyo. Sigue activando la curiosidad. Sigue perdonándote. Sigue conociéndote. Sigue escuchando. Sigue valorando. Sigue corrigiendo. Sigue modificando. Sigue cambiando. Sigue permitiendo. Sigue creando un hogar cada vez más afectuoso en tu interior, para ti. Sigue adelante.

Ha sido un placer compartir contigo, enseñarte partes de lo que he aprendido y recordarte que a menudo podemos encontrar mucho más en las preguntas que en las respuestas. Mi historia continúa al lado de la tuya, evolucionando y cambiando eternamente. Recordemos nuestra capacidad de variar, pivotar, reformular y reescribir, sanar, crecer, cambiar y transformarnos una y otra vez. Estoy orgullosa de tu resiliencia y de tu voluntad de indagar más en ti. Estoy orgullosa de tu capacidad de crecer, cambiar y transformarte una y otra vez de las formas que quieras o necesites. Estoy orgullosa de tu superación. Estoy orgullosa de tu proceso. Estoy orgullosa de lo muchísimo que vales, de tu bondad y tu capacidad. Estoy orgullosa de tus historias y de tu sanación. Estoy orgullosa de tu yo entero y espero que tú también lo estés. Felicidades por el nuevo capítulo, por tener la última palabra de cómo se desarrolla tu historia.

Diez pasos para desentrañar tus historias

Una guía de diez pasos para desentrañar tus propias historias:

1. Fíjate en la historia que te surge. Nota lo que te está pasando en el cuerpo. Nota las sensaciones.
2. Ponle nombre: «La historia que me estoy contando es...» (gracias a Brené Brown por compartir a menudo esta nota).
3. Activa la curiosidad acerca de lo que esta historia hace por ti, de qué te sirve, cómo te mantiene a salvo o te protege.
4. Date las gracias por crear las historias que necesitaste en algún momento para sentirte a salvo en el mundo.
5. Con compasión, plantéate si quieres seguir cargando con esta historia.
6. Si respondes que sí, ignora los pasos del 7 al 10 y sigue con tu historia.
7. Si respondes que no, utiliza tu creatividad innata para formular una nueva historia que te aporte apoyo, expansión y bondad.
8. Cuéntate la nueva historia, una y otra vez, aunque no te la creas al principio.
9. Empieza a contar esa historia a los demás. Deja que los demás la sostengan por ti, la reflejen y te la manden de vuelta.
10. Fíjate en cómo te sientes viviendo desde ese lugar, desempeñando un papel activo en tu propia historia.

Repite el proceso.

GUÍA DE RECURSOS

Como un libro no puede llegar a cubrir la inmensidad de la sanación, el crecimiento y la reapropiación de tus historias, he creado una breve lista de recursos con algunas de mis recomendaciones sobre lugares en los que encontrar apoyo durante este camino de trabajo interior para volver a nuestro hogar. ¡Hay muchos más que estos!

Libros

Trauma

Haines, Staci K. *The Politics of Trauma*, Berkeley, North Atlantic Books, 2019.

Kolk, Bessel van der, *El cuerpo lleva la cuenta*, Barcelona, Eleftheria, 2020.

Levine, Peter A., *Curar el trauma*, Barcelona, Diana, 2022.

Perry, Bruce, y Maia Szalavitz, *El chico a quien criaron como perro*, Madrid, Capitán Swing, 2016

Porges, Stephen, *Teoría polivagal*, Barcelona, Eleftheria, 2020

Treleaven, David, *Mindfulness sensible al trauma*, Bilbao, Desclée de Brouwer, 2022

Wolynn, Mark, *Este dolor no es mío*, Madrid, Gaia, 2017.

Conexión

Hendricks, Gay, y Kathlyn Hendricks, *El camino del corazón consciente*, Barcelona, Obelisco, 2000.

Johnson, Sue, *Abrázame fuerte*, Barcelona, Alba, 2019.

Levine, Amir, y Rachel S. F. Heller, *Maneras de amar*, Barcelona, Urano, 2021.

Richo, David, *Cómo llegar a ser un adulto*, Bilbao, Desclée de Brouwer, 1998.

Rosenberg, Marshall, *Comunicación no violenta*, Barcelona, Acanto, 2003.

CRECIMIENTO PERSONAL
Cualquier libro de Brené Brown (en serio, cualquiera)
Brach, Tara, *Aceptación radical*, Madrid, Gaia, 2014.

Chödrön, Pema, *Cuando todo se derrumba*, Madrid, Gaia, 2012

Doyle, Glennon, *Indomable*, Barcelona, Urano, 2021.

Goleman, Daniel, *Inteligencia emocional*, Barcelona, Reverte, 2021.

Grace, Marlee, *How to Not Always Be Working*, Nueva York, HarperCollins, 2018.

Hanson, Rick, y Forrest Hanson, *Resiliente*, Madrid, Gaia, 2019.

Nagoski, Emily, y Amelia Nagoski, *Hiperagotadas*, México, Diana, 2021.

Neff, Kristin, *Autocompasión fiera*, Barcelona, Paidós, 2022.

Singer, Michael A., *La liberación del alma*, Madrid, Gaia, 2014.

LIBROS DE EJERCICIOS TERAPÉUTICOS
Livheim, Fredrik, Frank W. Bond, Björn Skoggård Hedensjö y Daniel Ek, *The Mindfulness and Acceptance Workbook for Stress Reduction*, Oakland, New Harbinger Publications, 2018.

Neff, Kristin, y Germer, Christopher, *Cuaderno de trabajo de mindfulness y autocompasión*, Bilbao, Desclée de Brouwer, 2020.

Taylor, Cathryn L., *The Inner Child Workbook*, Nueva York, Penguin Publishing Group, 1991.

ESTÍMULOS PARA EL ALMA
Cualquier libro de Mary Oliver.

bell hooks, *Todo sobre el amor*, Barcelona, Paidós, 2021.

brown, adrienne maree, *Emergent Strategy*, Chico (CA), AK Press, 2017.

Cameron, Julia, *El camino del artista*, Barcelona, Aguilar, 2011.

Elle, Alexandra, *After the Rain*, San Francisco, Chronicle Books, 2020.

Estés, Clarissa Pinkola, *Mujeres que corren con los lobos*, Barcelona, B de Bolsillo, 2022.

Gilbert, Elizabeth, *Libera tu magia*, Barcelona, Debolsillo, 2022.

Turner, Toko-pa, *El verdadero significado de la pertenencia*, Málaga, Sirio, 2020.

(Hacer una selección de libros ¡es una de las partes más difíciles de crear este libro!)

Pódcast

El pódcast de Tara Brach: conversaciones enriquecedoras y esclarecedoras acerca de la autocompasión y la aceptación.

Everything Belongs with Madison Morrigan: conversaciones reales y significativas acerca de vivir tal y como somos.

Hey Girl: conversaciones de Alex Elle con mujeres acerca del autocuidado y de la sanación.

Hurry Slowly: conversaciones acerca de estar más presentes y bajar el ritmo.

Needy: pódcast de Mara Glatzel sobre cómo respetar nuestras necesidades y cuidarnos completamente.

On Being with Krista Tippet: conversaciones espirituales sobre la humanidad.

Unlocking Us with Brené Brown: Brené Brown entrevista a personas especiales sobre el hecho de ser humanos.

Where Should We Begin?: la terapeuta Esther Perel imparte sesiones de terapia de pareja.

C<small>ÓMO ENCONTRAR UN TERAPEUTA</small>

Busca en Google si hay terapeutas en tu zona y ve si sus páginas web encajan contigo.

Busca terapeutas en las redes sociales para conocer su estilo.

Pide recomendaciones y referencias a conocidos.

Echa un vistazo a <https://ayuda-psicologica-en-linea.com/salud-psicologica/psicologos-gratis-espana/> si necesitas servicios a un precio más bajo.

Pide a tu médico de cabecera que te derive a uno.

Utiliza tu mutua de salud y encuentra a alguien en su listado.

P<small>ROFESORES, MENTORES Y CREATIVOS DE TODOS</small>
<small>LOS SECTORES QUE ME HAN PROPORCIONADO INFORMACIÓN</small>
<small>PARA MI OBRA Y ME HAN ENSEÑADO TANTO</small>

Desiree Adaway	Steven Hayes
Maya Angelou	Tricia Hersey
bell hooks	Sue Johnson
Sarah Blondin	Jack Kornfield
Hiro Boga	Anne Lamott
Tara Brach	Gabor Maté
adrienne maree brown	Jennifer Mullan
Brené Brown	Mary Oliver
Julia Cameron	Rachel Ricketts
Pema Chödrön	Carl Rogers
Ram Dass	Sharon Salzberg
Lalah Delia	Richard Schwartz
Joan Didion	Dani Shapiro
Glennon Doyle	Dan Siegel
Alexandra Elle	Rebecca Solnit
Diana Fosha,,,	Cheryl Strayed

Chris Gerber
Elizabeth Gilbert
Paul Gilbert
John and Julie Gottman
Thích Nhât Hạnh
Rick Hanson

Sonya Renee Taylor
Krista Tippett
Toko-pa Turner
Francis Weller
Michael White
Irvin Yalom

… Y la infinidad de personas que no están en esta lista, pero que me han inspirado mucho a mí, y han inspirado mi trabajo y mi vida.

MI MÁS PROFUNDA GRATITUD

Escribir este libro ha sido en ocasiones un proceso muy solitario y, a la vez, un proceso en el que el apoyo, el amor, la inspiración, la orientación y el cuidado de tantas personas de cerca y de lejos me ha informado y educado.

A mi agente, Laura Lee Mattingly: gracias por ver algo en mí desde el inicio, por defenderme ferozmente y por animarme a escribir este libro de la manera que a mí me ha parecido la correcta y la verdadera.

A mi editora, Emily Graff: tu fe en mi voz, en mi historia y en mi trabajo ha moldeado este libro enormemente. Gracias por tu increíble apoyo y por convertirte no solo en mi editora, sino también en una amiga en los últimos años.

A mi equipo en Simon & Schuster: gracias por su visión creativa, por su apoyo probado edición tras edición y por tener fe en la misión y el propósito de este libro.

A mis profesores universitarios, mentores y supervisores a lo largo de los años: gracias por expandir mis creencias, alimentar mis pasiones y enseñarme el don de aprender y crecer, tanto a nivel personal como profesional.

A mis profesores de lejos: me han enseñado mucho acerca de lo que significa ser humano y llevo la sabiduría que he aprendido de ustedes allí donde voy.

A mis varios terapeutas y guías a lo largo de las dos últimas décadas: no sé dónde estaría ahora sin el amable cuidado que sentí en sus divanes y en sus grupos de terapia. El hecho de acudir a sus consultas ha influido en mí.

A mis compañeros, colegas y compañeros de trabajo a lo largo de los años: su tenacidad, compasión y capacidad de ver lo bueno en las personas me ha inspirado infinitamente. El mundo es un lugar mejor gracias a ustedes.

A los pacientes con los que he tenido la suerte de trabajar: me fascinan y he aprendido tanto de ustedes como ustedes han podido aprender en las sesiones de terapia.

A mis amigos, pasados y presentes, de cerca y de lejos: gracias por verme, por hacerme reír, por la gran conexión que nos ha unido y por hacer mi vida más luminosa. Los quiero.

A mi gran, maravillosa y rara familia: yo no sería yo sin ustedes, y estoy muy agradecida por ese árbol genealógico que no deja de crecer. Todos ustedes son una parte de mí.

A mi marido, Thomas: tu compañía, tus bromas cursis, lo mucho que me cuidas y el apoyo infinito es algo por lo que estoy agradecida cada día. Contigo me siento anclada y libre a la vez. Gracias por no dejar nunca de recordarme que soy suficiente en los momentos en los que lo olvido.

ÍNDICE ONOMÁSTICO
Y DE MATERIAS

De este libro me quedo con...

Ya eres suficiente ha sido posible gracias al trabajo de su autora,
Lisa Olivera, así como de la traductora Aina Girbau Canet,
la correctora Teresa Lozano, el diseñador José Ruiz-Zarco Ramos,
el equipo de Realización Planeta, la maquetista Toni Clapés,
la directora editorial Marcela Serras, la editora ejecutiva
Rocío Carmona, la editora Ana Marhuenda,
y el equipo comercial, de comunicación
y marketing de Diana.

En Diana hacemos libros que fomentan
el autoconocimiento e inspiran a los lectores
en su propósito de vida. Si te gustó esta lectura,
te invitamos a que la recomiendes y que así, entre todos,
contribuyamos a seguir expandiendo
la conciencia.